```
I H C                           R L M T
D A G                           N I P
M I A S                         R O I M
R I   N M J T T P S A R R T K I N M F
F F R   A G I N A N D T O N I C T A U
U A C O A   N N T H D D M K T E U H O Z
A Y R L O I   I A O A I R G N A S E D Z
E E H D O S     I O I O U U M C I R N Y
C Z M F S H I A I F Q S O T A T M O R N
A A Y A O A N R I   U R S M T S K C   A
I K A S N K S D A I   O Y A R N E K   V
A I D H D E N I W Y     E R R I T S B E
L M H I P N N M R I I N K G A L M C   L
O A I O A T C T M I M O S A F L K U   L
O K L N E E F F O C H S I R I O E H     I
O S I E N E Y U H N R N H I K C N M     F
P O I D M U D S L I D E W T R M H U     K
M L L A B H G I H U R C N A A O O A     A
I W H I T E R U S S I A N L E T T T J H
I E   C O S M O P O L I T A N   Y V P M A U
```

cocktails

APPLETINI

BLOODY MARY

COSMOPOLITAN

CUBA LIBRE

DAIQUIRI

DRY

FUZZY NAVEL

GIMLET

GIN AND TONIC

HIGHBALL

IRISH COFFEE

KAMIKAZE

MAI TAI

MANHATTAN

MARGARITA

MARTINI

MIMOSA

MOJITO

MUDSLIDE

NEAT

OLD-FASHIONED

ON THE ROCKS

PINA COLADA

SANGRIA

SHAKEN

STIRRED

TOM COLLINS

WHISKEY SOUR

WHITE RUSSIAN

WINE

```
R C K L A O O E W N A T T N K R O M H A
T N O C A E I W E N S R U R O M O N M E
N A P S E S I R G E D N U O R G P M A C
I R X S L T A T N H E N O R R R P U S A
K O E E R E T P I C S M K R B T I U M H
G O S P S M E K M H A E T E R G T T I T
R R N L O R L P M T P A R K S K H P I K
A A H A S M O F I S H I N G A A G O M S
I I L N G O I H W N F M E S S K I T N E
T N E T O M C E S K G E C F X H L F G I
E P A E S O S B S N E K N O G S H E N R
A O N R E T S C U C S E I E E A S R I O
M N T N M N I M U G V R R T T X A M K T
R C O P N A C C E O S O I C T E L O I S
M H L I A R T T H M N P H E H N F U H T
E O D E O N A C O O L E R L O I E N P S
A D S H A I T R H C T L W A P C S T S O
I G A O E U E S N E O A G T Y D T A D H
T I T E D S R C P O S T R E R C H I A G
E R I V E R L B A C K P A C K N C N G C
```

camping

AXE
BACKPACK
BUG SPRAY
CAMPGROUND
CANOE
COOLER
CREEK
DUTCH OVEN
FIRE
FISHING

FLASHLIGHT
GHOST STORIES
HATCHET
HIKING
HORSE
LANTERN
LEAN-TO
MATCHES
MESS KIT
MOUNTAIN

PARK
RAIN PONCHO
RIVER
ROPE
SLEEPING KIT
S'MORES
STERNO
SWIMMING
TENT
TRAIL

4

```
S R I L O S K R R E T S A E S N Y E R G
Y E H Y A C I N T H D Y C I K L S H C H
P O S W E E T P E A Z A U M L O N T L G
I T N H A A I S I L I P S O O H D C E L
P G E L K C U S Y E N O H U E C A T T A
C C D L I S Y S R N N O T A C L N D E D
A A M S O I A N A M I A O O I I R L P I
E R R O R I R O L D A O N L N H U I H O
D N U Y O S V G A I T T E S N I O P I L
O A P I L U T A Y U H F M P T E O T O U
T T S U R C H R Y S A N T H E M U M A S
L I K T D S P D M M Y L E S O R A N Y U
F O R O I I P P L P F Y G R H D T P L N
A N A H Y B R A L L L G R C A H D O E F
A L L P M I I N L I H A O F U E R I O L
N L P Y N H M S L R A I F R T A U L S O
G O L D E N R O D I A O I I C G I S E W
P S O I C R O C U S D U I E N H E S C E
T L D R T A S U E I M W U O A L I R R R
G M O L D S E R L Y Y S G N Z D D D L E
```

flowers

ANTHURIUM	GOLDENROD	POINSETTIA
ASTER	HIBISCUS	POPPY
CARNATION	HOLLY	PRIMROSE
CHRYSANTHEMUM	HONEYSUCKLE	ROSE
CROCUS	HYACINTH	SNAPDRAGON
DAFFODIL	IRIS	SUNFLOWER
DAHLIA	LARKSPUR	SWEET PEA
DAISY	LILAC	TULIP
FORGET-ME-NOT	LILY	VIOLET
GLADIOLUS	ORCHID	ZINNIA

```
P O H A C L S I E O E R G S U W A L U C
G L D R H A A L R O C E V O L G A O U L
C L I H L K R W S L P S O L S H S S R H
A A P C C S H A R C W R C B V T U N P E
O P S O A C O T K S S U I E N S N E C S
U E K I N G C C P S N P L N O H G R A G
E A A N E W D H K A P S G P G O L S P L
E N E P E A C O T S C A R F B E A M G A
U H M U K L A E C E N G A E I S S R L A
G C T R L L L S A K A E A H L S S A K B
B T O S P E A A L B D N A B D A E H S C
H U H E C T H E H S U I E R E T S C W E
L L W A A A T C U O R N N C E T N T B D
G C R G A A A E T C M E O T K E O E R O
E B N S W E S U L A L W H H U L K T P U
I H C E B E T I K C S E P V A P A R W U
U S C E N T P E I T R M L S I H I C A A
A G L A I E U L K C L S L L S P H T E I
L E U L P P C A T L F I E O D H B E L T
L A E A R R I N G E S A C F E I R B L A
```

accessories

ANKLET
BEACH BAG
BELT
BRACELET
BRIEFCASE
CAP
CELL PHONE
CHARMS
CLUTCH
COIN PURSE

EARRING
GLASSES
GLOVE
HAIR CLIP
HAT
HEADBAND
MAKEUP
NECKLACE
PIN
PURSE

RING
SATCHEL
SCARF
SHOES
SOCKS
SUNGLASSES
TOTE BAG
WALLET
WATCH
WRAP

```
N R K T T C R A A T E N E V E E L S T H
R R H A T T L E I N C L K H T M U K O U
S N B E S R T P E S T I T E R I R I S B
D W U R L L I W T T E G T R I N E R U C
T S N A E J E H G A N O R A K E H T W T
E O D A T E T G S R O A S H S D T I S E
O R E P P I Z N G E R C E O I O A U E K
C L R W S O P I T I C M H A N H E S S C
H T W T I P C D O I N Y L T I S L T S A
W C E E K A P K H E T G I H M L S S D J
E K A O L C S E E N G P S W E A T E R A
T H R V G I R T A T T S A E H H N V R G
T A B S S H S P A A M V L O O W A M R D
T R U P E E E H D E N I F P E H P T K L
I E E M E I E E E H C S T R O H S U H E
O E U E O B L O U S E H R T U T L S S N
T O O C T L C N E I G E S B E F L R O O
L A H H W A S T N N N H T O L C C E K Z
T E S T O A U O N S S H O L S S Y U E S
E T L E A E L M K T S B T L T E R N U A
```

clothing

ANORAK
BLOUSE
BUTTON
CLOAK
CLOTH
COAT
DENIM
DRESS
FUR
HEM

JACKET
JEANS
LEATHER
LEGGINGS
MINISKIRT
PANTS
PANTY HOSE
POCKET
SHIRT
SHOES

SHORTS
SKIRT
SLEEVE
SUIT
SWEATER
TWILL
UNDERWEAR
VEST
WOOL
ZIPPER

```
S R T E F U T L D P F E L O E I I W I N
O O T C N L T E K S Y O B Y D R A H O L
S I S H E E C C T D T E E L R A E E T T
N U I A O T L A C I G O L O H C Y S P O
S S D R S T R H W R E T N I R I P U I M
U T E D E E B A C N G O K O C M L H P U
S V K B U R L N C P M L E R E R E T I R
L T I O I G W M M I S S I N G R W E O D
E N C I U O C I S L S M S U S H E H H E
S E K L O S D T T L E I O L O L O T I R
V L E E C S I C B L W T C D A D W S A E
T S E D T E E I I I M H U O T H E F T V
T C N E O P A V T W A N R T C C R A D O
I A E P S E I N I S I F O O R E D K C L
N V Y U U E E K E T O A D E H E Y T W V
E S S L C S U E G R C H T E A T C V H E
N C C P S L E U T H D E G T F R N S M R
V E R T I L I U I L D R T T D I A T E A
A U P S I L N O P A E W C E G U N D T D
T E E T G E S I S T E Y E T D E R K M L
```

mystery books

CHASE
CLUE
CRIME
DETECTIVE
FORTUNE
GHOST
GUN
HARD BOILED
HARDY BOYS
KEENE

KNIFE
LEAD
LETTER
MISSING
MURDER
NANCY DREW
POE
PSYCHOLOGICAL
PULP
REVOLVER

SECRET
SIDEKICK
SLEUTH
SUSPECT
THEFT
VICTIM
WEAPON
WHODUNIT
WILL
WITNESS

```
E E O S E L I E R T P C H I T O N R O R
M D S E H O D E C D E T U T T C B W W I
V R S L A O B L L A B H C A E B O C D F
V A I S S R R K S S B H E C I R A A U L
E O K U A E F E E R L M R I L E R A L I
A B I E O B P A E L E K D S O H O E S E
D E S E N M G D S K P A U E O C B S A R
E I N U L U O N A R R N N O I S O R E S
C G V O L L E Y B A L L E R B M U L L E
M O T L P E O O E H O M H A I W L T T L
T O A H T W B L P S L A N A A U D A R L
B B I S R O O A R A I S E L A H D R U V
E N E H T T L D R I F T L I N E B R T K
E R H R I L B S T C D B S T L I C D C R
C D B L R A T S U N A M I R S H E L L H
E I U A I L A S A E E F P M A A B R A A
N O F C D I E S B H U R R I C A N E I R
O S O D T N E M I D E S R U E V A W A E
R N B R I C T C R E I A N U S R R D P T
R R L E V A R G E E S O S A C M T E L I
```

beach

BEACH BALL	EROSION	SHARK
BOOGIE BOARD	GRAVEL	SHELL
CHAIR	HURRICANE	SHORE
COAST	KELP	SURF
CRAB	PEBBLE	TOWEL
CREST	PIER	TSUNAMI
CURRENT	REEF	TURTLE
DOLPHIN	SAND	UMBRELLA
DRIFT LINE	SEAGULL	VOLLEYBALL
DUNE	SEDIMENT	WAVE

```
E T S E T E U C T R R C S U I M E N C C
G N R E P A P L L A W C T F W H A U E I
A E C A L P E R I F A A H L N T H V A T
T R R U I S R U R D R A P E R I E S E I
D U P R R T A B L E A L K H S L R I T F
L M M C O T R A A R U F O S D T E R E A
V I O I S E A T S T O T G N I D D E B K
R R M P I R R I K U E C A T T G E D E C
O R C U S H I O N A H C E P U N T I C A
I O I I C R A T I T E P R A C E U V W R
E R C R U L A S C O N C E P N G H I R E
E P I G R I R S K F N O Y I I S N D N N
P I L A N O K C K O A U R W O L M M W I
E T N A T U A U N B M C T D O T L O D Z
E F P K N R P L A N O H S I K F R O N A
I A C A T T A P C K T H E L I H A R W G
E R O A N R L T K L T K P C T A R L S A
A P O T I I O U T I O T A P K O O A T M
R C K L A I O R L I C C T R E T S O P P
K P O D P E R E P A I N K K D K L D A C
```

home décor

BEDDING
CANDLE
CARPET
CHEST
CLOCK
COATRACK
COUCH
CURTAIN
CUSHION
DRAPERIES

FIREPLACE
FOUNTAIN
KNICKKNACK
MAGAZINE RACK
MIRROR
OTTOMAN
PAINT
PILLOW
PLANT
POSTER

ROOM DIVIDER
RUG
SCONCE
SCULPTURE
SHELF
TABLE
TAPESTRY
THROW
TILE
WALLPAPER

```
H O N E V O I G P R R U S S I D E I E R
E V T T K C A P K C A B S V E D R D D R
G U K N A P O T S K C U R T B N G M M N
N A A V N G T N G I S E M O C L E W O N
O S O N C Y P E S N K O A A G E U S T K
T N S D T A E O N A T G U C I K E U E K
E E R A V R M K S U A E F S W O G T L E
E T U N K R A P N T T C R E S T A R E A
O M G K G R U E O Y R C O C B T O B V T
A R R N K W U T M E A E T O S R O U T E
A U T I I P C A B R K W E R L U C K E A
S N E E M D P L A C A L E T L E A O O T
O E A O E T R V A O A T N E D A R O A D
A E O Y S A A A D N N R V N R S A B E O
A R A A A N A E O I O A E T I F K E S A
J P O W G O G I A B R I R O V M C D L U
O C R H K T G A K D H A T T E G A I Y O
E E O G Y E N R U O J S T A V E N U E I
O L O I R S E O K E E I A M N N S G E E
O T T H S N O I T C E R I D F V U A W T
```

road trip

AVENUE
BACKPACK
BOULEVARD
CAMP
CARAVAN
COAST
COOLER
DASHBOARDING
DIRECTIONS
DRIVE

FREEWAY
GAS
GUIDEBOOK
HIGHWAY
INTERSTATE
JOURNEY
MAP
MOTEL
NATIONAL
PARK

REGIONAL
REST AREA
ROAD
ROUTE
SNACK
STREET
TENT
TRUCK STOP
TUNE-UP
WELCOME SIGN

```
E S M H A A A B Z A S G L E D E M M E E
D C E V E R C T C B X K L X M A L A S O
C O S T U M E C N E C A L K C E N E T O
I E N C L L P L O D R R H I O T R D D R
A O H Y K B R B S P S A M U N I T A L P
K S E N X E L R E N P T E B A D D J L A
E T A D B A I O E T U E P T S I P E E D
M Y R M T R G O U I O E R I H P P A S C
C A A P U R B C D R N P L R A E B A K E
N T A B R I T H B D G V A E E R E U E A
T E Y A Q N N T A L E T M Z C O O R N L
G T A N U G B N R R M M U P Y L S N M D
E O A G O P T O L C S D L R A E P X O L
M E E L I I P R C I T R E K O H C A B O
K N D E S U O H K L O M T S I G A M T G
E O A D E D P Q C Y N N S D A E B C T G
X R D E E E N T E L E C A R B L Z L U O
O R G O T N R E E E L T E K C O L R A P
R P T A B E E N K N L A R N N E K E N G
A G E D N O M A I D L O R R O L R I E R
```

jewelry

AMBER
AMULET
ANKLET
BANGLE
BEADS
BRACELET
BROOCH
CHOKER
COPPER
COSTUME

CUT
DIAMOND
EARRING
EMERALD
GEMSTONE
GOLD
JADE
KARAT
LOCKET
NECKLACE

ONYX
PEARL
PENDANT
PLATINUM
RING
RUBY
SAPPHIRE
SILVER
TOPAZ
TURQUOISE

```
U A A T R A E S D I U E M N S A L O B P
F N E S I E N A N B S B I   U T S H T D
O B I O F T A A P N S T D T L N E T D N
W B I R T G N S I A R A B O N O E D S U
B O R K T M N T C E E I B P D B I T Q O
B A O T E L A G E C E S Q U I R R E L R
S T A D S P V B K N Q E H S E P W F U G
T O L E L O A R A T N B A A W T O N G Y
I A A L C A S T L S A I S L D R N A U A
L C N W E S N P H R K D S S E E I F L L
A C D U I U R D B C A E R S R N L I R P
C O S T A S L E D B T O T N C I N C I P
E G C L D I Q I R E M A A B R L I B S O
I E A D I U L B A G I S C G A L P A B A
R R P R E A S G S E W S O Q B L N S E O
R A E K N N R R T W S D I U L A L E E A
G F Q H N I A T N U O F P F B B A B C A
N A C T S U G O R E C C O S L G R A S S
S Y A W N E E R G F O O T B A L L L A D
N B N L K A L I N R V K E R E W O L F E
```

at the park

BARBEQUE

BASEBALL

BASKETBALL

BIKE PATH

BOAT

CATCH

DOG

FLOWER

FOOTBALL

FOREST

FOUNTAIN

FRISBEE

GRASS

GREENWAY

GRILL

LAKE

LANDSCAPE

PICNIC

PLAYGROUND

PUBLIC

RUNNER

SAVANNA

SHADE

SOCCER

SQUIRREL

SWIM

TENNIS

TRAIL

TREE

WOODLAND

```
C L B O I E E P P N G E G N C S M O L D
L P A E W Y A O P R I N E H E N A C R L
A S C A E I W E R R E N I L E Y E A E I
N E X B Y D M A E R C D L O C H G E N C
C P R O E A G E L M R I P N E E U I I N
C O E R S I M R A A E I I O T T O A L E
W G E Q H S O L E T U O E I N S R A P P
N W A E A L L P C T C I A T A G O L I L
E O O T D M W C N E E A D A I A P U L U
E O D Y O B S A O H O I T D L O M O N M
R U R W W U B I C L U R L N P C A D E P
C E Y C E O F E U Q O G L U O M S O E E
S L S O S O S N I H H R D O L C C R M R
N I S Q O B A L M S S E T F I U A F O S
U P P O L R I U U E S U S C S O R P U W
S S O L G P I L A S S R R G H N A I S L
R T O W I U B P E U G T F B I Q M W S E
E I F O O R P R E T A W U R U T E E E R
O C C H E L P M E O R F R E T T I L G I
D K C N N I U E L O I P D A O E H S A O
```

makeup

BALM
BLUSH
BRUSH
COLD CREAM
COLOR
CONCEALER
CONTACT
EYEBROW
EYELINER
EYE SHADOW

FOUNDATION
GEL
GLITTER
LIP GLOSS
LIP LINER
LIPSTICK
LIQUID
MASCARA
MATTE
MOUSSE

NAIL POLISH
OPAQUE
PENCIL
PLUMPER
POWDER
PRESSED
ROUGE
SUNSCREEN
WATERPROOF
WAX

```
T M I R A S O C C E R A C E B R R R M B
H C E C S T H G I E Y Z A R C E H E S I
T D D S E S S U A A S Y C S E O R I P C
H F E E F E S S F E U A A D A E C O U D
C C I A A H A S E F O A T R O O K E H A
T R E E M U T R D G L E C A R E L F S R
O A G M T R S R E K C E H C R O Q U E T
T W Y E A I V I R T R E T U P M O C C S
E F A T A G A E F U M B H H G U H A S E
O O E B T A N A I O E O H L A E B W I E
F G G A C L G W C M R C M S A R S P R O
Y U E E H O C P A S A C H R A H S S S C
R T R R A E A G E L I E T E G C Q O E L
T B E E R C O S T S S S C E I U G O L R
J R C U A E H I D C D L L A B E S A B T
O I I S D O D B S A O H E E C I B E L T
D D G I E G T A H T O L S A S T O S A R
T G V S S E H C O G S E T I O P H I D M
M E B O A R D G A M E E G O F I S H T O
S A G E E W C R R T O H F C H O G A S G
```

games

BASEBALL
BOARD GAME
BOCCE
BRIDGE
CARDS
CATCH
CHARADES
CHECKERS
CHESS
COMPUTER

CRAZY EIGHTS
CROQUET
DARTS
DICE
EUCHRE
FOOTBALL
GO FISH
HEARTS
HORSESHOES
JIGSAW

LAWN GAME
POKER
RACE
SCAT
SHUFFLE
SOCCER
STRATEGY
TRIVIA
TUG-OF-WAR
VIDEO GAME

```
A L E O H S E L D D A S A L P N N E W I
C I L O A F E R N P S A P U M P S S A K
P A O E E M E N N D A C O H E P W P P T
P E S T L A U S A C N I S S O B A S S F
L I N I O L B P L C T B A R G O D A L N
I O I O A S I M E I S O L E E A E N B A
H W B H M A L R S A S O S P K T L D E T
P B A R A I L E D R W T O P P I B A E L
M O I L E B L R E A K I A I O N E L O P
A W I L K T L H L H P C T L L G O L C L
F L L N S I T S O N W S A S F L S L O A
A I L W T A N P B A S R E R E N I A R T
W N A B E E I G O G O M L O T L O E A F
A G A L A T N E B M U O C S O L E G I O
L I L K L L K E L S S C R S K I M M E R
D A E A S L L A I T T C R E B B U R G M
S R E L L P B E O O T A N R E N R E T C
I A T I W I N G T I P S T D R E P A S C
P N E E B E R R A A W I E P S E E N E G
D G A L O S H E S N A N S A A H D A L T
```

shoes

BALLET
BALMORAL
BOATING
BOOT
BOWLING
CASUAL
CLEAT
CLOG
DRESS
ESPADRILLE

FLAT
GALOSHES
HEELS
INSOLE
LEATHER
LOAFER
MOCCASIN
PLATFORM
POINTE
PUMPS

RUBBER
SADDLE SHOE
SANDAL
SKIMMER
SLIPPER
SNEAKER
TRACK
TRAINER
WALKING
WING TIPS

```
N K T P M C A R Q C P N B Y M I A H B A
B T I B B A R R E T E P D S C N G E T H
E B O O K O F M O R M O N R T A X D R A
I I T N W E I R G N I L W O R O E R R R
G T E N O G I I H V I L R I F R W G H R
R B S R H G I P N S Q I E I W B P E R Y
R R S I I C D W P T O Q A H S N N I M P
O A E E M E I P I L G R I M S M A D A O
N N I E E E E V N B P T X I P A B W R T
L N A S N C H V I U E K O A L R R O O T
A P B R R N C C I N N A I N S Q F I P E
M A C A T B I R L Y A E I T A U T B A R
Z I A S N S S R A A E V I Y E E M I N O
N N X R O A I A Y N N E E K E Z R I K H
O C W M N M R P L P M N I L L O N A C U
B C I O A I N A A I S E F T B O T C O N
C A I O R C R R E C N I R P T I T E P A
A N I V U B I O K I N G T H I G B C S M
Y C K Y Q R N T R O A P E I O K O R A N
O A E I T S I R H C H A I R M A N M A O
```

best-selling books

ADAMS · ALCHEMIST · BIBLE · BOOK OF MORMON · BROWN · BUNYAN · CAPISTRANO · CHAIRMAN MAO · CHRISTIE · CRANMER · EVANIVICH · FOXE · HARRY POTTER · HEIDI · KING · LEE · MARQUEZ · PETER RABBIT · PETIT PRINCE · PILGRIMS · QURAN · ROWLING · SALINGER · SPOCK · SPYRI · STOWE · TOLKIEN · WHITE

```
O G E X F M G I N A I R C B E Y E C O C
D R M G D I A P E R H O L L E T L C A O
H B R I E F C A S E A L E A O A I L A A
E D H N X C L U T C H H E T H D D B E O
X R C C U G E U H E C R E C G T O I C K
H G G O U D W A R T S E L A C O C T F U
C A A H E O E C A B A A F H I N O N E R
I C L G N I L S N U B C F W R R R I Q E
G L R C S C A S B R R C U C P V C R B P
A E E F S E E I C B S O D R O C H P E D
R A F A U X R D G E E R A O U S R E C Q
B E A Y T K E N M R L D I G S E S N A H
O M G E I H I R O R A I A R N L T S A G
X L R N R N E L L Y E O S G E I D N H O
P V Q Y E H I R G T I N I S B C R H G B
E E A V D S S E R C A S P A O O R R R O
G U E E E U S G T Y E R H Y E O H O O H
B O U T I Q U E R D E N T R T R E L T C
P T C T S L O K M C F I W H T F L O E O
A R T S H O U L D E R E C C A R E C C N
```

purses

ACCORDION	DIAPER	MESSENGER
BIRKIN	DESIGNER	PRADA
BOUTIQUE	DUFFLE	PRINT
BRIEFCASE	EVENING	SATCHEL
BURBERRY	FAUX	SHOULDER
CIGAR BOX	GUCCI	SLING
CLUTCH	HERMES	SLOUCH
COACH	HOBO	STRAW
COLOR	KELLY	SUEDE
CROCODILE	LEATHER	TOTE

```
O R D G O P R U O I N O T O P A I T C D
S E T O N J O O E D E P A O W S O E O T
I C E H O P D U H E O H I A M R I I W P
Y F I R O H N R K Y L U T M N A G N S E
G G H T B E S M A E A T O P P C R O L L
S U H I R R T K I T L C N S F E J R I N
O D M B V U O G N E S N I G F A R D P N
H N O I H S S M R O L U W N D O O N M A
N E N J E E A G E R M C M E T F M E E C
W E N L A E N E M L W A L S F H N D R L
O R A E T R E R I O I O N A G E R O O P
T G U N H C A C T U S A D D I E C L S P
B R H S E Y C O E D L A D O A U E I N I
S E I I R B A S P H O D E L S A O H E O
S V D C H E R R T H N S H E N E R P H H
W E O E O D D E R H L G N D O U C R N M
P S A O D E D E V O N A E E B L H E R D
T T R O W G U M H J W R E S P H I S O R
T G B N B D O B W E J G N I R E D N A W
I H T A O M R U B B E R P L A N T D U O
```

plants

ALOE
ASPHODEL
BONSAI
BROMELIAD
CACTUS
CITRUS
COWSLIP
CROCUS
DAFFODIL
DRACAENAS

EVERGREEN
FERN
GINSENG
HEATHER
HYACINTH
JADE
MONKSHOOD
MUGWORT
MUSTARD
OLEANDER

ORCHID
OREGANO
PHILODENDRON
PIMPERNEL
RUBBER PLANT
VERBENA
VINE
WANDERING JEW
WATTLE
YARROW

```
L F L U R S R S Y N T K O R R Y E R T H
A D U S R A C S T R O P S O A S M S O K
D I R B Y H A A R O H A T C H B A C K C
H M S A C R K N U R T O Y O T A O N O I
V U D D O B A T T E R Y R C R C D E S T
E L R T L B G N O B I S V A A E O N S S
S O N O C E H A W E E E E R E R S G O D
A G D H A O I S S D O C L G A B C E A H
N E G O R D Y H A L C I I N A C P R O O
R N A F E B S N S D N L O C O I U C U T
R E U U C L H T D D A H M A R A K O P L
P R T E D F E B E U N N Y P L A C N D O
L A O L R E S C N R A I E U T A I V N C
B L M E R A E A T C N O W N N D P E E U
O M A I V D M F O R D I V A O D S R A O
I O T U B U M P E R I N S O V R A T P E
R T I N R E T W U D S C H S L L A I T S
A O C N E O O A A B R I R A A V R B C C
T R Y A O P T E N V L A A A I N O L K E
G S C V U T F D T P H V R I C A R E H A
```

cars

AUTOMATIC
BATTERY
BUMPER
CONVERTIBLE
DASHBOARD
ELECTRIC
FORD
FUEL
GAS

GENERAL
   MOTORS
HATCHBACK
HONDA
HOOD
HYBRID
HYDROGEN
HYUNDAI
MANUAL
NISSAN
PICKUP

POWER
ROADSTER
SEDAN
SPORTS CAR
STICK
TIRE
TOYOTA
TRUNK
VAN
VOLVO
WINDSHIELD

```
U C A C R P A D D I A H M I R F I R M F
U E T U M M O C A L T I C E E L M A R A
R A R L C G R N P U T C B R A K E M D E
E A A I H H L R E E R L I G H T K A O I
R E R U T R A B T M A H M R P N D R N M
N N F L A A P I A L A D E P S M E S R I
E I T E E H S U N N A R I L E C P L C S
F A G R N E A M D E H I F F L R L S S A
N T S X T D H L E H E R O A D E I D E S
L N O O E E E W M H N A O S D S B M D P
E U E A L B U R W D S E P P A I H T E E
L O E M A H U L S H E L A R S U U M A M
E M E R A R R E E A E B T O U R D N K L
D T S C E I E C A R E A A C A C L S A E
I A I M H D N A T S K C I K U R N R E T
E K W T T I T A N I U M E E A E A O E C
E N M U N I M U L A E T E T X D C R F H
U R O N H R E A A O R E C U M B E N T L
L N E F T E C R T O S O N S B K C O L E
E T E E L K R E E T E R E F L E C T O R
```

bicycles

ALUMINUM
BELL
BMX
BRAKE
CABLE
CHAIN
COMMUTE
CRUISER
FENDER
FRAME

GEAR
HANDLEBARS
HELMET
KICKSTAND
LIGHT
LOCK
MOUNTAIN
PEDAL
RACE
RECUMBENT

REFLECTOR
ROAD
SADDLE
SEAT
SPROCKET
TANDEM
TIRE
TITANIUM
TOUR
WHEEL

```
A K W E A T E E E A R R L E W A D S P M
E K S E N A E L A O S T R B E I C I S P
K H T L E Y K C D Y O P M O T O E P C O
R A R T D G R O T T Y I D K M T O O T R
T T O J A O C L O C L R L P B R N E Y F
R E A A C L L C E C A T U T T A A T H L
A K R H O O C F L W E T R I H W C R P Y
R S E S E R O N T A E E A N E K A Y A K
D T A K T T O Y M R K J O K A R E O R P
S F N N S S O E R K K M A I T O D K G E
E A D T U A O C I C N E U A R W I A O P
T R A S T R O N O M Y E T P E D S Y T G
F C E U U T G G N I T C E L L O C C O A
W C B M U T S O G C O A U M E O P E H R
T L U C K N K L A W R Y U H E W O C P D
E H L M O T R R R M W L S C U L P T U R E
F G R T L P D P E L I T L P K T T T S N
K G L G C S A H A C A Y H E R Y E O U W
R A H P A P E R C R A F T Y D A R D F C
O E G I C A R V E T I R W O K R Y T L O
```

hobbies

ASTROLOGY
ASTRONOMY
BEAD
CANOE
CARDS
CARVE
CLIMB
COLLECTING
COMPUTER
COOK

CRAFTS
CROCHET
DRAW
GAME
GARDEN
JEWELRY
KAYAK
KNIT
MUSIC
PAPER CRAFT

PHOTOGRAPHY
POETRY
POTTERY
SCULPTURE
SPORT
THEATRE
TREKKING
WALK
WOODWORK
WRITE

```
L C T U T E C K K Q R O S C A T E D R K
O U K C K E E U O S U A T E H C O R C A
A M R K K R O W R E H T A E L T G I H E
O T G O L L T U C E T E E P E G N M D O
I K H C T I T S S S O R C R N A I A O I
R T R A D E N E E D L E P O I N T G H B
K N G R K E T E I N D I M T G N T I L I
H A I S W D K L T O O K O O B P A R C S
E C A H E D O P P P A M R S E T O D O
H B O E L S A V R O T A T O U A I I E A
C L K S R R I E N O T S T A H G I G N E
A A S L S L U W B O P T E C O S H C H K
M D O E K Q L R S E V A E W H E I O T S
R T D T I A S P A E S M K R O W D O O W
E T E L L G I K E Q A L Q A Y L O A K K
I R P T L N T N B R P I E A U C A R V E
P P V L N T K S C M B M Q C T O P I K A
A T L I U Q E A D P A U E G L A S S O O
P O N A I C M S O A R T I S A N I A R C
T G S L T S S W L S A A R B E I W T C R
```

crafts

APPLIQUE	LUCET	SCRAPBOOK
ARTISAN	MACRAME	SCULPT
BASKET	MOSAIC	SEW
BEAD	NEEDLEPOINT	SKILL
CARVE	ORIGAMI	SPINNING
CROCHET	PAPIER-MACHE	STONE
CROSS STITCH	PATCHWORK	TATTING
GLASS	POTTERY	TRADE
KNIT	QUILT	WEAVE
LEATHERWORK	RUG HOOK	WOODWORK

```
N I R A S S D C L I E N M M C O I N E A
S L S D N E I R F K X N C E E O K R C R
I M D V H B I H Y I E I N I A S C T L N
F C O I L D S E N R E S T A U R A N T L
G T I C C S K A F N E K K C E C T L C M
B E P E D I C U R E A A I F U G C O I O
C R A E E T A L O C O H C R N C C S A E
R L D D R I N K S S M N C I K K K S Y M
B O L L I R S V K A N E P I T C C C O E
A M N T I S C S N L P P C A M I I O C I
S S N C N U C I O V O F I A R L C O Y S
D O E O I I C U I H U L S E A F R D T O
C C R F T U A N S F S S N C D K O L U A
K D E F R X A L I S A N I A T C C S A R
E I B E A R L P V G I S A E T I O E E E
E R T E M L C L E D C O H E U H O L B S
V T O B O O K C L U B M N I G C A D I I
O S E G A R E V E B T E E V O X D N I I
O T B D I A K D T K I E G O S N N A I O
O E A M G E G E K L E G G M S R E C N O
```

girls' night

ADVICE
BEAUTY
BEVERAGES
BOOK CLUB
CANDLES
CHICK FLICK
CHOCOLATE
COCKTAILS
COFFEE
COSMO

DINNER
DISCUSSION
DRINKS
FASHION
FRIENDS
MANICURE
MARTINI
MASSAGE
MOVIE
PEDICURE

RELAX
RESTAURANT
SHOPPING
SNACKS
TELEVISION

```
E C E B A E E E G G A E D R E V A S E M
G C O L T W Y B K S S O R S E E C X S S
O A A Y K H A L A M O P G A K M S H N I
L N R T T I Y R O W S C R I A P L M E U
D D O R L T M O Y L S A U R L I L B L O
E S C E E E P L S U P H B D R R A B E E
N E H B A H L L S E Y O S P E E F O H N
G A A I R O W S E E M K Y K T S A G T R
A R C L H U B E L X E I T E A T R R S O
T S O F C S S L T O I A T Y R A A A L H
E T C O R E O H C N A N E E C T G N K G
B O A E A W R S M A W L G E N E A D A I
R W N U S L K C S O L O L T S A I C E B
I E Y T N O A T C A R A T A O E N A P E
D R O A M R N E V L N E N O N N E N S L
G N N T L X G H O D A S E S M K M Y E T
E T O S U M T E R A O Y A L G R E O K T
E S B N A A A P L G M L D H L W A N I I
A A E T E L D E E N E C A P S O R E P L
D L G D S A A G L M S E D A L G R E V E
```

national landmarks

ALAMO
ARCH
CAHOKIA
CARLSBAD
CHACO CANYON
CRATER LAKE
DEATH VALLEY
EMPIRE STATE
EVERGLADES
GETTYSBURG

GOLDEN GATE
  BRIDGE
GRACELAND
GRAND CANYON
HOLLYWOOD
LEXINGTON
LITTLE BIG HORN
MESA VERDE
MOTOWN
NIAGARA FALLS
PIKES PEAK

RUSHMORE
SALEM
SEARS TOWER
SPACE NEEDLE
STATUE OF
  LIBERTY
ST. HELENS
SUMTER
WHITE HOUSE
YELLOWSTONE
YOSEMITE

```
N X I U N E N N E H L A P A T S I O E A
R S E Y D E M O C E N A M G R E B S S E
R S S C A N S T E T K O K E S A C I P L
L S M I N N S E C N A D H S A L F A I N
A O N N N A E B N R D F A E T E N P H A
K R A A A A M O L O B E A C H E S O S M
U D S T E R S O R S J C P C B S Y O N O
S O D I E T V K R P L T E P L L N E O W
E S A T A E H H I A A O E S O S T R I Y
R P O A I A E E S T L S U G A L C N T T
E D R Y N S O S N U W E O Y D T A N A T
C A S K I O I A R J A N L T O I L R L E
Y B S U C C Y O T A Y A Y H A C R U E R
N T O C H R H U L R S E C E A M E B R P
A L R H O H N E M O W E L T T I L P N C
D U C A L T U O S B T S M S U N S E T R
R A E C S S P N A E P W E B J C C H H E
B N C M O O N S T R U C K S M C U C T T
K L E E N E X L P T N A R G S M H E A H
Y E E M E M E O X S E S I R N U S S S L
```

chick flicks

ALWAYS
BEACHES
BERGMAN
BRIDGET JONES
CLASSIC
COMEDY
CROSSROADS
DEPP
FLASHDANCE
GRANT

HANKS
HEPBURN
HUNT
KLEENEX
LITTLE WOMEN
LOUISE
LOVE
MOONSTRUCK
NICHOLSON
NOTEBOOK

PRETTY WOMAN
RELATIONSHIPS
ROBERTS
ROMANCE
RYAN
SUNRISE
SUNSET
THELMA
TITANIC
YA-YA

```
M T I S M E A L A G Z E E S N E D E E L
O E R L I O S I L O T C N B E O P S I M
P O L S I E P N G I F T O G E I E N B L
S U T M O N T H R F H E T L A S O E Z N
S C N A I O O R L F I E S G T H E R S G
A U D Z C T G O A E M N H T M N A C M I
Z D R L E S W P F M E U T T I S D E I S
I E F P C E C N G R U M R Y R V C G R I
A L E S R L E A S B I B I A A E A I E N
A D O S E I O G E C D E B O S C V L E R
H N S E A M S A M E U R N K N E E O F E
S A A N M O C E A A B P N D I M S O R M
V C D B O O L A G E I I C R S Z S I R A
O E T S A O H S R S R E G A X S Y T B E
N A G N O S L R E D E E D F K T E T C R
I S O I I I D L O M D K E P R E S E N T
R S E W S S B S A N R L A A P K A F R S
A R V E T T T T A B D O P C E P L N T E
K T S W E E T S I X T E E N D D I O N I
T E S Z O D I A C C O G R C T H L C S E
```

birthdays

AGE
BALLOONS
BIRTHSTONE
CAKE
CANDLE
CARD
CONFETTI
CUPCAKE
DRINKS
FESTIVAL

FLOWERS
FRIENDS
GAMES
GIFT
ICE CREAM
MILESTONE
MONTH
NUMBER
OVER-THE-HILL
PARTY

PRESENT
RITE
SIGN
SODA
SONG
STREAMER
SURPRISE
SWEET SIXTEEN
WISH
ZODIAC

```
E  P  L  R  E  D  M  G  A  P  B  E  F  R  P  P  S  R  N  E
C  E  Y  S  S  K  M  O  G  R  E  Y  S  A  N  A  T  O  M  Y
O  D  Y  L  C  S  A  I  E  C  A  L  P  E  S  O  R  L  E  M
C  E  N  W  O  R  B  Y  H  P  R  U  M  E  E  A  G  G  B  E
A  W  L  I  L  O  V  E  L  U  C  Y  I  T  L  D  T  K  E  M
B  D  E  L  D  S  E  A  S  O  N  R  C  I  O  I  O  W  W  A
E  O  D  E  O  T  L  I  D  D  L  A  C  P  R  A  L  G  I  R
O  R  O  D  P  G  I  L  M  O  R  E  G  I  R  L  S  A  T  Y
I  F  O  P  E  E  A  O  G  T  A  A  O  C  E  O  D  I  C  T
Y  N  L  O  N  E  E  S  O  F  R  R  M  R  T  G  N  C  H  Y
H  E  C  D  R  M  Y  O  A  F  H  R  V  A  C  U  E  L  E  L
M  W  I  L  L  A  N  D  G  R  A  C  E  E  A  E  I  I  D  E
H  W  E  T  C  L  R  S  E  E  E  O  S  S  R  A  R  F  O  R
H  M  E  C  E  G  K  E  A  M  Y  P  U  T  A  E  F  F  O  M
E  N  A  E  H  R  E  A  C  T  O  R  O  I  H  R  R  H  E  O
S  H  E  D  O  S  I  P  E  C  H  C  H  P  C  A  O  A  E  O
C  I  A  W  G  A  O  O  W  O  H  S  K  L  A  T  O  N  M  R
A  C  T  R  E  S  S  T  O  L  I  P  A  L  E  O  T  G  L  E
C  E  O  O  P  A  P  U  D  D  T  C  H  E  E  R  S  E  A  B
N  I  M  P  R  O  V  S  M  A  C  G  Y  V  E  R  S  R  S  I
```

tv shows

ACTOR
ACTRESS
ALICE
BEWITCHED
CARTOON
CHARACTER
CHEERS
CLIFF-HANGER
COLD OPEN
COMEDY

DIALOGUE
DRAMA
EPISODE
FRIENDS
GILMORE GIRLS
GREY'S
   ANATOMY
HOUSE
I LOVE LUCY
IMPROV
MACGYVER

MARY TYLER
   MOORE
MELROSE PLACE
MURPHY BROWN
NETWORK
OPRAH
PILOT
SEASON
SOAP OPERA
TALK SHOW
WILL AND GRACE

```
B E E M A L R K S H M A A A O O A B A L
U W I C H N O L E M R E T A W R A P I B
A E E H O C T I U R F N O G A R D A T R
A R C D P L A Z T P R O A T V R H W I A
S R O L Y M N E P S L I E E O R B P W Z
M T P G E E L P P A E N I P C E R A I I
R Y R R A E N E Y R U B O U A A P W K L
R P C A S E O O S M T E N O D E U R N N
R S H A W A N E H M U C E L O A P N P U
T Y E G R B I O C E N I R A T C E N T T
M R E H G D E Y Y T E N A T R R M U L N
A R A D E R N R R E C R O N E N N O P U
T E E I R V T R R R F C O A A O G E O T
O B E E O O W E E Y I M U C C N C M R E
G N P P T I O H B R M D N O G N A M O E
E A L A C C L C P I P C C C I O R B S G
W G M R R M I A S G S M O U A R A N E A
P O P G A U V R A R G O Q T B H I O H A
T L R E E L E Y R R E B E U L B U P I H
P A E L P P A Y R R E B N A R C O E P M
```

fruit

APPLE
APRICOT
AVOCADO
BANANA
BLUEBERRY
BRAZIL NUT
CANTALOUPE
CHERRY
COCONUT
CRANBERRY

DRAGON FRUIT
GRAPE
HONEYDEW
KIWI
LOGANBERRY
MANGO
NECTARINE
OLIVE
PAWPAW
PEACH

PEAR
PERSIMMON
PINEAPPLE
PLUM
QUINCE
RASPBERRY
ROSE HIP
STRAWBERRY
TOMATO
WATERMELON

```
T B S I S C K U S P L L L N W L I U S T
C G O S O F O O T B A L L F E S B D K L
B T L B F U O I I S D A E A R R N E L U
M T L U S L K R B I N B G A B L L T E A
D C B M G S N I S S A E U X L R E A I V
N V A O I L E C Q H H S P N E B A R R E
R R D O L N U U X O B A S K E T B A L L
D M M O F S A U C T H B S I P O I K I O
E N I A B S K K A P M U J G N O L E H P
B O N O H H E N A U R L L D N N S O R O
K R T L O Y K J L T M C D R B I E L P E
E A O R T R A C K B N R E A S R V T W O
J O N J E L L U G E T U T O O L P A S D
C L B A R O L L E R D E R B Y S B N C K
D U F V O E L C Y C I B K W D T P G U N
E S R E W L L A B Y E L L O V B A L S L
B C U L O G E T A E K W O N D O Y I D O
L B S I L U B L V L A P D S O B T N K G
A K C N A U A I R A T Y U E L O S G O M
S A E U L L A B T F O S J K R D E B D P
```

sports

ANGLING	JAVELIN	SHOT PUT
BADMINTON	JUDO	SKI
BASEBALL	KARATE	SNOWBOARD
BASKETBALL	LONG JUMP	SOFTBALL
BICYCLE	LUGE	SQUASH
BOX	POLE VAULT	SURF
CAVING	POLO	TAE KWON DO
DISCUS	ROLLER DERBY	TENNIS
FOOTBALL	ROW	TRACK
HOCKEY	RUN	VOLLEYBALL

```
P H D T P A A L L E R S O A T U A G A N
A I G M R T T E N E I G I O A K M H Z A
A U N L B P R N L H O C O U G A R E T N
O A N O U P K A E E I E W A C N A A N R
A O E A M C P O K C P R I A T G I A K N
I O H R N O O B A B E H W N E A K O A I
T O A A O E N M N L U A A R A R R T A H
A T T T I G E R S R A G N N A O O C N C
E A R T A L U A A O P T I H T O L S U U
U K M O N K E Y O N R E U A D L P G C P
A C R A H B F O P I G M G O R P A P I A
P O E E A I E A H H I I N G A B P G A C
U C F P S O B L E R L C E O Z A E C E A
K L F E S P O R T L O H P L I A I Z K O
E P A A A P O L A R B E A R L L C T E I
K L R C F I T A A E U E N G R E A O R P
T L I O O H C C L L A T D I T P K I O O
M C G C A E A W G O E A A O O N A T R L
P U W K O T D S N E O H A I I L N O A A
O M K R L O A A C A H L H C I J A A L A
```

at the zoo

ALLIGATOR	GOAT	PENGUIN
BABOON	HIPPO	PIG
CAMEL	KANGAROO	POLAR BEAR
CAPUCHIN	KOALA	RHINO
CHEETAH	LION	SEAL
COCKATOO	LIZARD	SLOTH
COUGAR	MACAW	SNAKE
ELEPHANT	MONKEY	TIGER
EMU	PANDA	TURTLE
GIRAFFE	PEACOCK	ZEBRA

```
E O B N T S O C E N E S N S B T E I E O
O M N A E S T E W N S I T A E O B E M E
C A E L R G I L L N S C N N U S H R Q O
U R A T O B R M E N N E I L U J E L U H
R S G P B M E B M O R I P T T E S I A O
U B N I I B O Q O E I R E S S I T O R S
N S A M P N S P U S R E T G A P E S T A
Q Q C P S Q S S T E A M R R O T E T S S
G U B A K E E I P B S I B E T A U N F A
F S L I L E L L R I L T E A S P O O N A
I P B B S S N F H L C A R O V A L F U I
S A A B E R R E B C E E N E E S D S N O
T T B S E Y N R R O A H P C A T S I N P
B U F I M S B T A N R O M N H N S R B L
L L I O R B O I I L M I P I B B K N L A
R A G L E E E E S E A R I M A A T R E T
M A R A O U C A E S N I I O C A R S I S
N R I E M N R N A S L M L E C L R E I B
I I N F U S I O N U O R O K I U I L I L
R S D O C U P S E I N G R E D I E N T S
```

cooking

BAKE	INFUSION	SEAR
BARBEQUE	INGREDIENTS	SEASON
BLANCH	JULIENNE	SIMMER
BRAISE	MINCE	SPATULA
BROIL	OIL	SPICE
CUP	OUNCE	STEAM
FLAVOR	PINT	STEW
FRY	POACH	TABLESPOON
GRILL	QUART	TEASPOON
GRIND	ROTISSERIE	TOAST

```
S T I A E I H D R L U M W E H S O H L G
S D F N U G R U O Y T E G E I N N A H Y
R E U D N G E I L R A E O I V I Y H E S
T F N A L E V I G I G L R G Y I G E S P
U O N J I B I H A Z Z A J T A H T L L A
E O Y E R C R O D M O D G A O C E A S M
A T G H G N G K O D C Y E E R D I T L A
K L I S A A I L H E A B R K S C I H Z L
C O R A O A B A T N B E L D C S E B C O
T O L E M A C H N I A G H H O I C Y A T
H S N D N N E O B L R O G E O M W E R N
E E H N Y T I M I S E O L L O S H B O N
L A I H A D D A A U T D S L R E C Y U O
I E L T T I L O D R O T C O D L B E S O
O S D O O W E H T O T N I D E S M B E D
N G C U U O D D L H O L N O Y A H I L A
K N K F E T S T A C O Y H L F A A R O G
I N Y A R P S R I A H A L L U Z D D U I
N Y S L R I G M A E R D C Y H Y A I F R
G G U Y S A N D D O L L S E R F A E A B
```

musicals

A CHORUS LINE
AIDA
ALL THAT JAZZ
ANNIE
ANNIE GET YOUR
  GUN
BIG RIVER
BRIGADOON
BYE BYE BIRDIE
CABARET

CAMELOT
CAROUSEL
CATS
CHICAGO
DOCTOR DOLITTLE
DREAM GIRLS
EVITA
FAME
FOOTLOOSE
FUNNY GIRL
GIGI
GUYS AND DOLLS

HAIRSPRAY
HELLO DOLLY
INTO THE
  WOODS
LADY BE GOOD
LES MIS
OKLAHOMA
RENT
SPAMALOT
THE LION KING
WICKED

```
P E T O Z E S J E T I P T E E E E S R A
I B G M C N K Y E E N E G H M N G A N H
N O N I H C C R C A L C L O A E C U R R
O R I T A E V N S B P P V O P O L C O N
T D D R M B A T A E E E N O E R A I S D
N E X A P L R T E N R E B A C C R V N P
O A B T A A G E I M E T R E S S E D T H
I U E B G M H T O D D I E S E L T A P S
R X A P N G O U R G E H N P R C O O E Z
R Z U N E I T R A E G W E A B T L U T A
R A J C M H A E C G B Z T S C I R T I P
O R O H H E E R I A R P A M J B E A T E
R I L E R A A O A T N R A E C L M S V R
S H A L R D R S G N I K O O C U A I E I
E S I O L O N D P I I G N I L S E I R T
N H S L C B D E O V I T E N A H T T D I
U E P A R G Z N G N I L K R A P S R O F
H R E K I T A R E A N I A E B E O O T T
A R I O R R E T O Y T A S N S R N P P S
I Y R E T I M E T B O P Y E E D E E E H
```

wine

APERITIF	COOKING	ROSE
BALANCE	DESSERT	SHERRY
BEAUJOLAIS	GRAPE	SHIRAZ
BLUSH	MALBEC	SPARKLING
BORDEAUX	MERLOT	SPATLESE
CABERNET	PETIT VERDOT	TABLE
CHAMPAGNE	PINOT NOIR	TERROIR
CHARDONNAY	PORT	VERMOUTH
CHINON	RED	VINTAGE
CLARET	RIESLING	WHITE

```
R V A S L L C D R N T R A O D T E E O X
U W M D S T R U O C O B L B O U O U N R
M D N C S A A A A T R B A E R E C C O S
U C I P R S E M A G X S O H C A N T D U
O W O R L D S E R I E S T A D I U M E P
O R E L L U M N B B C F R P E A D O L E
E U R K L F I F A I E A E E B P A X B R
M E L B A B S L P S P E A N U T S S M B
O G D W B E L M W O R L D C U P D U I O
G X A E T S Y N E A M F S T N N I C W W
E D K D O L T G U T M I C U O A S H A L
L N D A O M O S S O V E S M A S T E R S
I I B E F A A L U A G O A D S T G F S B
E E N I P R N A D C P I S R I L S I P H
N A S B I X Y B R E D Y K C U T N E K O
T L P U C Y E L N A T S K B B S T L A T
U L L A B T E K S A B E E R T E A D A D
B E B I T E Y D E R T L O O C L R T C O
D P R E A K N E S S M K S D H B O A C G
A D D E P E E M M R R C C D B I C U D C
```

sporting events

BASEBALL
BASKETBALL
BEER
COURT
DAVIS CUP
DIAMOND
FIELD
FIFA
FOOTBALL
HOTDOG

KENTUCKY DERBY
MASTERS
MLA
NACHOS
NBA
NCAA
OLYMPICS
PEANUTS
PREAKNESS
RACE

SOCCER
STADIUM
STANLEY CUP
SUPER BOWL
TICKET
U.S. OPEN
WIMBLEDON
WORLD CUP
WORLD SERIES
X GAMES

```
B O R R A D A L M M E O V C Y T U U I E
P P O O S L B Y Z A N T I N E C N C N V
R T I C U G G C D E S I G N O E A O A M
S S R N R E D O M T S O P P O R C A T U
I R O A R C S P E R S P E C T I V E L A
M E M M E O U A A E B N L D A C S N E R
E A A S A N C B O T R A E N I F A P R T
T L N I L T R O I I S C U T G O C P U N
M I E N I E S I C S O N N N S T U I T O
O S S O S M S L I O M A I C A E D E P U
I M Q I M P E C C R M T C N A R O P L V
E I U S A O Y A I O N C M B A R O Q U E
B N E S S R E G R I D A D A U U A U C A
C T E E O A E O A I N R E P B O C N S U
E Z D R R R A P M N U T G C A P A R T E
O C M P S Y O A E A N S O T U I D T R O
C C I M M P A R N M S B T N H I E P A A
T S N I A I I R A E E A H N A R M S P V
R B U R M S I L A M I N I M U B I A O L
I I T C M Q N C I T L E C I S A C O R L
```

art

ABSTRACT	DADA	PAINTING
ACADEMIC	DESIGN	PERSPECTIVE
ART DECO	FINE ART	POP ART
ART NOUVEAU	GOTHIC	POSTMODERN
BAROQUE	IMPRESSIONISM	REALISM
BAUHAUS	MANNERISM	ROCOCO
BYZANTINE	MINIMALISM	ROMANESQUE
CELTIC	NEOCLASSIC	ROMANTIC
CONTEMPORARY	OILS	SCULPTURE
CUBISM	OP ART	SURREALISM

```
E A I I H R P N A S A R N Y I P O O G D
O E D V E N L R S P U Y P P U P I G O D
U I R V R S W E O I P B W O M B A T N I
T F A N A U G I R I A E A V L Z N C S D
C E Z A B M H E R A R A I T R A Y E R O
B E Z L B L L G R S A T C A H E L S O P
T A U U I O E I H B V A E P E L A R M D
I L B S T A K E M S I R E A S O E O I P
O E N A D R N E U A P L G L H H A H F O
I R S H R L M S S N E G E L S B N A A P
A R F U G E R L S S R R O I P P F E E D
E I K H O I I O O E B O F H S E I S E O
T U R V N M O R P W A G N C E B G R A L
P Q A A O E W O O E N O E N H G E P A P
R S V A M A L L P I I O S I H B D P G H
C M D T P E K R K H H S C H I C K E N I
S R R H T T I T T I L E A C E N S R H N
R B A N A H N A G G I R A F F E A O G W
D O A L E M A C H A R E H T N A P U N S
A H E M O E S K E I M O N G O O S E L T
```

animals

AARDVARK
ANTELOPE
BEAVER
BUZZARD
CAMEL
CAT
CHICKEN
CHINCHILLA
DOG
DOLPHIN

ELEPHANT
GERBIL
GIRAFFE
HEDGEHOG
HORSE
IGUANA
KINGFISHER
LLAMA
MONGOOSE
MOUSE

OPOSSUM
PANTHER
PUPPY
RABBIT
SEA HORSE
SHEEP
SNAIL
SQUIRREL
VIPER
WOMBAT

```
S U A A E E R C O A G S Z T S G S A N I
E I U S D A K A M T A T O Y M B N R P K
O O L Y R L C K T S M S S A C H T R A D
S O O A L A H Y Y Y A M X G G C I P R R
N Y Y E K O M S C S P A T C H N K A E A
S E L E R S E E M C Y O E K C A J B T E
E R L H A D A O A O E G O E R O V E R O
M U O S T A A A H K S K S E H H T O D Y
R M M C S I I H B M D S C K D U I A V D
W V S B K S I B M H A S E M K Y G H E C
E O D I C Y C A X S O E E G E K G S H A
Y R D S S C H O S D S O A A M C E A Y O
O R M A G G I E E O L H C A O U R S X E
S R P A H M T O C I O C M L L L Y S A S
S A B M I S Y K V E W L B A I T H Y E C
M E O Z Y R R E V A O U E E S S E G M C
S B U S T E R B G C D H E I D A S R H E
I S T O O B D I E D K K M A I E A K C C
U L E Y A R I C Y R U C A X L C I C K R
W B C B M D H E D D C K O S R A R E I B
```

pet names

BEAR	MAGGIE	SADIE
BOOTS	MAX	SAM
BUDDY	MISTY	SASHA
BUSTER	MOLLY	SASSY
CHARLIE	OLIVER	SHADOW
CHLOE	OREO	SIMBA
DAISY	PATCH	SMOKEY
DUKE	PRINCESS	TESS
JACK	ROCKY	TIGGER
LUCKY	ROVER	ZOE

```
O A F R E D F L I N T S T O N E P D M L
T K S O E E F Y T A B L L A A L A B T A
N I T N A A E O L L E T A N O D O R Y R
E L N N O R O O J O A R E I A P N I A T
R S E Y L O E O Z O N K E R I A B A E I
D B U F O A P O D R A N O E L G E R G N
S A A P N R B Y E Y H E I N R E B R B T
D I L B E R T O O G B Y D M H D M R P I
E P F E O R A L A G M O I R L F U B T N
G Y E K C I M E N I I C O E Y E E A L I
E H F U E A N A G P H B I C J I A R N N
O E D E T I A H N E E F E S S N E T E J
B H I O V J T P L D R S D A Y J E C D A
Z O R L R Y E A T A T G C A R T M A N T
S B A T M A N R G M E G N N R O G N C U
M C O O A G R E E N O F R A E R N Y I R
U M U R E M O H N O G O L O J E P E A T
R S N L S M U R F E T T E L N R P L R L
E S O E E C M Y H O B B E S I E L O O E
S R A E B E R A C W E P E L E P E P U O
```

cartoon characters

BART	GARFIELD	PEPE LE PEW
BATMAN	GOOFY	RAPHAEL
BERNIE	HOBBES	SCOOBY DOO
CALVIN	HOMER	SMURFETTE
CARE BEAR	JERRY	SNOOPY
CARTMAN	LEONARDO	SUPERMAN
DILBERT	MICHELANGELO	TIN TIN
DONATELLO	MICKEY	TOM
DORA	MIGHTY MOUSE	YOGI BEAR
FRED FLINTSTONE	NINJA TURTLE	ZONKER

```
R N A E F T I T S G D R G E H R T E N A
U R G T U A I E I U E D T D O A D E E T
T M H R L D T R S L E S E E U R H I G E
U F T T A E A H T R T F E E D N G E E L
B R N D A N A D E T P O D A A L O G A R
E L U T T S D H R R G R A E H E S H G E
A C A G R R T F E R T S U E B E L E N T
L T T A E O P H A H W I G D E E A C G H
T P A D R H T N H T E S H P L C S O N G
T B E B R O D A R B H T T D R T H T R U
E N R E M M E N H G P E E G H A S I L A
E F G R O P E A T A E R R T U I A A L D
R U U T A S D R E U N I O N S E L E R D
I R H U S B A N D I W N T I A E S C E N
P E H B T E N O E I O L U H R P G T U A
R C C A F N R E S D H A L F S I S T E R
N E R I F E E E A I S W N O S D N A R G
G I W R N E E R E H T O R B P E T S A O
T N L A U L L A A N S E O H I T R E G N
E A T T N D U A I P N O R R C E S N M L
```

relatives

ADOPTED
AUNT
BROTHER
CHILD
DAUGHTER
ELDER
FATHER
GRANDDAUGHTER
GRANDFATHER
GRANDMOTHER

GRANDSON
GREAT-AUNT
HALF SISTER
HUSBAND
MOTHER
NEPHEW
NIECE
PARENT
REUNION
SISTER

SISTER-IN-LAW
SON
STEPBROTHER
UNCLE
WIFE

```
B B C I G O I O N O I N E S I A H U R F
I A T B B E N U N E U D L D E R T E W R
S C O O U W E H L L R I G R E W O L F T
E H O U L T O A S T E D I R B U N A G M
R E E T O D C V N V T P E A U S V A T K
O L O O Y E A R A C T N A D N O F N O O
S O O N C T K T L D E Y A G R O O M M O
E R I N G B E A R E R R O E O R T T R B
R T A I T Y S T N O O T U O V A O T T T
E I D E S R I S N H L W T H A Q N N U S
F E E R A B T O E A E R O T N A I D E E
O R A E U R H O R U H I P C D V W A H U
E R H A B F E D M R C N P N P I G C O G
N E N T O D E W O A A G E G E G R G E I
R N P D E H W O O M B T R N B U V A R V
B I I B T U A E T H T H R N H E D R O V
E A A A A F Q S A A S O N C E R S T W I
M R C C I S E U N I T Y C A N D L E O O
I T L C I B L V O D E X U T A A I R A N
H Q H A E A E O R B N I H R N W O R V C
```

weddings

ATTENDANT
BACHELOR
BACHELORETTE
BEST MAN
BOUQUET
BOUTONNIERE
BRIDE
CAKE
CATHEDRAL
CHURCH

FAVOR
FIANCE
FLOWER GIRL
FONDANT
GARTER
GROOM
GUEST BOOK
HORA
MAID OF HONOR
REHEARSAL

RING
RING BEARER
SHOWER
TOAST
TOPPER
TRAIN
TUXEDO
UNITY CANDLE
VEIL
VOW

```
L D L R L T E R O C U N W S E R D N C A
N B L A C K A N D W H I T E C O E A E M
T T H R I L L E R G A U C A O D N C L O
A U E C T N T S I E D R R W E H N I U F
E D I A N G L E L I T O Y O N L F T R R
W G S U C O A E O C C L S O I M A I D A
Y R I G Y T I R B E L E C T T E K R A M
R I A S E E I S O O A I E S I P H C E E
R R M P D N I O H A S R N I A N O Y D A
T A A C T O R S N L S R E R C M R I Y E
I C R E W R T E E S I A G U E A R S R R
C S D R C P R O D U C E R D O E O Y T N
E O C N O I T A M I N A Y C C U R W S C
Y C T P I E I C C T T A S T L E I H U T
A I R A A C T R E S S L O T O S C T D N
E E M H E Y R T D S D R R L T E E D N U
R E O E N C S L R N A A A D K D I P I O
T A T R S T I K C A R T D N U O S N C K
E C E A A H I T W R E T T O N M I Y R I
W N D E C O M P U T E R G R A P H I C S
```

movies

ACTION
ACTOR
ACTRESS
ANGLE
ANIMATION
BLACK-AND-
  WHITE
CELEBRITY
CHILD STAR
CLASSIC

COMEDY
COMPUTER-
  GRAPHICS
CREW
CRITIC
DIRECTOR
DRAMA
FILM
FRAME
GENRE
HOLLYWOOD

HORROR
INDUSTRY
LOT
MARKET
OSCAR
PRODUCER
SCENE
SOUNDTRACK
STUDIO
THRILLER
TWIST

```
S C A A I E E L A V E E R F J V A S O I
C Y I N F S A R B U R U N D I C R E R A
K P A R A G U A Y P G I U F A A U A T N
C R M I N Y H I K A D A N A C T R S E I
A U U A K I U A I N O R K H L V K P D V
O S E O V A I G N R E T A G A G A S M A
D R L M T L V T E I M A D N A L E C I Y
D M U R N O O O A Y S A O G I L F R N B
R U S A N O G U L B O T B Z W G I L I E
A I G O G I S O V S I O A A A N N I D A
T G A R E T E A O G L R C N L A L C J K
V L O R R A B B A I B G I M A T A G I A
L E J A E I N N V P U E A K M K N A B G
L B L A A P I I O I U N M Q R R D C O E
I I A A E O A R D W A E A I O A P D U A
A B O D R I O A L A M T J T D M O D T O
A B S P T H L R O H A N K D A N A T I G
I A N A I T Z F M R T O A R U E A D E I
O H A L F E V J G N E M E Y C D A A O D
G L I E C H T E N S T E I N E C E E R G
```

countries

AFGHANISTAN	DJIBOUTI	LIECHTENSTEIN
ALGERIA	ECUADOR	MALAWI
AUSTRALIA	ETHIOPIA	MOLDOVA
BELGIUM	FINLAND	MONTENEGRO
BOLIVIA	GREECE	NEPAL
BRAZIL	GUYANA	PARAGUAY
BURUNDI	ICELAND	QATAR
CANADA	JAMAICA	SLOVAKIA
CYPRUS	KIRIBATI	TOGO
DENMARK	LAOS	YEMEN

```
E L D E E I L E G C L H E L N D R R C T
T C C D Y E N N A C I L E G N A G D A R
O Y R A G U S P R O S P E R O U S S S D
R S L B T R C L I D O T N L U C T U P S
E G S U P P P G E E U L O U N E N C T U
S A D R G A O D F Y L G Y I F T P I D O
H E A T I R P S W E E T C U E N T R D T
A E C T I A A T J N U E L B A E V O L I
I A C U T D N C E O B S A H G T C H U C
I P C C N I P T I H Y D H R L N N P F I
G T F G A S E L D O T F E L A O U U R L
L U F S S I L B E E U L U T D C C E E E
D S F A A A E L O Y R S C L A B O G E F
C O E E E C D B L E S S E D R L P B H C
I O G S L G N L B S T L Y I L E E R C V
C F E O P O I N E O R L G T I T N O A L
R S I C O L L S N L B H E T N D D N S S
T E C L U D E C E N T Y L E G I R I N U
H I S E L E E L C N G N I H G U A L E S
S A I I F N U A B H A U R N P F T D L R
```

happy adjectives

ANGELIC
BLESSED
BLISSFUL
BRIGHT
CHEERFUL
CONTENT
DAINTY
DARLING
DECENT
DULCET

ELATED
EUPHORIC
FELICITOUS
GLAD
GOLDEN
GOOD
GRACIOUS
HALCYON
HONEYED
JOYFUL

LAUGHING
LOVEABLE
NICE
PARADISIAC
PLEASANT
PROSPEROUS
RIANT
SUGARY
SWEET
TASTEFUL

```
R  R  I  N  C  A  L  A  A  P  S  I  S  H  B  E  M  G  B  S
R  K  O  P  L  I  O  G  E  C  A  D  L  V  G  D  O  F  N  A
U  A  A  A  S  R  N  I  O  U  I  R  N  A  I  R  L  N  N  F
K  E  R  R  O  I  F  A  H  R  S  H  H  A  D  O  O  C  N  C
A  O  I  A  H  E  L  R  R  C  V  O  N  M  L  S  K  V  A  T
O  D  L  S  A  S  S  E  U  N  A  N  P  I  D  S  A  N  C  A
O  E  I  A  P  Y  I  S  O  C  C  E  R  I  I  C  I  F  G  S
E  F  E  I  I  S  H  O  O  N  A  Y  B  S  A  M  B  U  I  C
O  T  M  L  P  E  M  R  H  R  A  M  I  T  L  E  A  T  F  U
S  R  B  I  O  S  S  T  L  A  U  O  I  O  H  L  A  S  H  B
E  I  L  N  A  I  T  H  B  T  R  O  P  I  C  A  L  A  H  A
A  K  G  G  I  U  A  R  R  N  N  N  N  I  R  T  O  O  D  D
K  S  N  I  A  R  A  H  A  S  O  A  H  U  A  U  L  R  I  I
S  A  I  I  B  C  A  K  M  I  K  C  A  S  S  A  U  G  O  V
G  L  F  O  T  N  R  A  P  O  M  L  E  I  N  L  L  I  H  I
C  U  R  C  T  H  R  H  A  A  A  O  I  A  U  O  H  P  A  N
A  H  U  E  I  S  S  I  I  O  U  V  I  E  G  H  L  T  A  G
N  A  S  A  S  H  C  G  S  I  I  E  D  P  V  A  B  P  E  A
H  I  O  N  A  I  C  P  A  C  I  F  I  C  O  U  U  I  K  P
C  R  K  O  L  T  U  H  A  P  O  L  Y  N  E  S  I  A  N  A
```

hawaii

ALOHA
BEACH
CRUISES
FISHING
HONEYMOON
HULA SKIRT
ISLANDS
KAUAI
LANAI
LUAU

MAUI
MOLOKAI
OAHU
OCEAN
PACIFIC
PARASAILING
PEARL HARBOR
PIG ROAST
POLYNESIAN
RESORT

SCUBA DIVING
SURFING
TROPICAL
VACATION
VOLCANO

```
B E R A R N A T T L N N T A I S C T G W
S N W M N I M Y G T I S A D S O A A A J
R R W A M J B E R T N M A R O J R A M R
W O R R A Y E B V A N I L L A L O E L R
E H M T N I L I E E E L V O I E B I U O
O T C A R A W A Y D I O B C R O P N L I
A W D R A T S U M D N R I E I E O I A V
K A A A O C E L D E R B E R R Y D S E E
J R A A L S N I T N S O H T R R E T E F
S S K I E I A L H E H B R B F R T R C V
L V S E V A E L Y A B I A T H E A E I B
R E M L O T N I M U C S I E N N S O O S
E I R I E R O S E H I P S S O A N E T E
E K N O T W E E D L T R U R G H L V N S
E E L T R O W G I F H Y F T A N A I H A
H M R E D N E V A L T F R N R G M H C M
I C A S S I A L A N A E S A R S R C U E
B N S M I E N C L S O U R L A A R A T A
R C T O I S I I T D S E R J T B A V B N
```

herbs

BASIL
BAY LEAVES
BERBERIS
CARAWAY
CAROB POD
CASSIA
CHIVE
CILANTRO
CUMIN
DILL

ELDERBERRY
FIGWORT
GARLIC
HAWTHORN
JASMINE
JUNIPER
KNOTWEED
LAVENDER
MARJORAM
MINT

MUSTARD
NETTLE
OREGANO
ROSE HIPS
SAFFRON
SESAME
TARRAGON
THYME
VANILLA
YARROW

```
A A N E Y C O J N B C A I N D S F L A D
N C N X C U F N I V E N I R O Z X A M P
E Y A A L L A B R E D N U H T S E E Y U
A R O R G N O C T O P U S S Y D O A E S
P E O D S E R T O E Y B N E Z A L T B I
S S K O S K O V K E R L C Z L J D O I R
O N R G M I S S M O N E Y P E N N Y O Y
N B G U O C A S I N O R O Y A L E B A D
P E R H I R E I D T E L D N A E V I L M
O R E O A O G B E P A D N O B R I G M O
K F B I N X I G E V E Y E N E D L O G R
K F M O E O N O A E N E S R L C O L C N
S I O A J A M E S S D E G T O N R D F I
P H R M L R C R H P E M U N R A L F N L
A C T O R L R A I E D I N A E E C I O I
O E S G V B A A M R N E K B F L E N T A
F L O R I R I E O L R E L O D D O G L W
R G G A O I G G O Y R A L S E R I E A O
P Y T L I L I E R N Y B O N E N D R D E
E O C E L P D R E D Y R Y E N O H I R L
```

007

BLOFELD
BOND
BROSNAN
CASINO ROYALE
CONNERY
CRAIG
DALTON
DR. NO
GOLDENEYE
GOLDFINGER

HONEY RYDER
HUGO DRAX
JAMES
KOSKOV
LARGO
LAZENBY
LE CHIFFRE
LIVE AND LET DIE
MAX ZORIN
MAY DAY
MISS MONEY-
    PENNY

MOONRAKER
MOORE
MR. BIG
NIVEN
OCTOPUSSY
SOLANGE
STROMBERG
THUNDERBALL
VESPER LYND
WAI LIN

```
L R E D R L R F M L R T I A E G K R R I
A F O I B E A N S S O I L O C C O R B S
S A P A S E G H O M E P O B S T I S C H
B O S K G H A G A S P A R A G U S R L E
S L N B O A O T P T E U A S A E W B A U
O T A P N O O E D L S C S N L N O I N O
C A I V O O E K H S A L A D P E P A B H
C E A R A P C A E L E N R H N F L A T F
E M A C F O V L L R T P T P I E E B A E
I C T E F R S T B T C D E S S E R T G S
N L E S S S Y S S A E P H T F T T A T E
C B C L P O T A T O P C I E B A B A I L
S E P R E E O E M T A N A W E B H E P B
C S O U P R C L P E A R L R A A S I A A
A U E N R E Y E H K E O A C R E N O S T
T S P I N A C H R C E C S S E O G N A E
I C S E L D O O N E K C I H C R T A O G
M P O C A A P E I L I H C E I T O S S E
D L U S O E A B S A S T O O N L P E R V
C L C S O O N C O T T O N R B L U R L P
```

dinner

ASPARAGUS
BEANS
BEEF
BROCCOLI
BRUSSELS SPROUT
CABBAGE
CARROT
CELERY
CHEESE
CHICKEN

CHILI
CORN
DESSERT
EGGPLANT
FISH
MEAT LOAF
NOODLES
ONION
PEAS
PORK

POTATO
RICE
ROAST
SALAD
SOUP
SPINACH
STEW
STIR-FRY
TOMATO
VEGETABLES
YAM

```
E D H L N R A O T L T M B O G S R Y R O
V A S S T V P T S H A I R L Y S P I C Y
I N O L B L A C K P E P P E R E T S U T
T A O T P R G L I A I A Y R A B S N R A
A A T U S Y O H U O L O L B O A F A I L
N O H M C H E S F L L R S T R S E S B M
R E I S N R A M E O M O E G H I L A A O
E S N C B C E N T Y L A N G Y L A N G N
T E G A U E O I Y U T O E L R R O D A D
L B L R M R P L T R M U O C O M O A Y J
A A O R T L L E E E C O A M E D M L S L
N E V I F L R E L A O E A L S E I W C L
D N C E A I O O L T S S D T C N L O R C
Y N R R N I A Y O S N S E Y F E V O L C
P H A O L D P Y O M S N A U N U R D N A
C P R I I T E A A S N D S C E O E L R T
S L M L U S T R E N N I O Y E C R R Y N
O S J S D S O R L I O L T O M A G R E B
I E M Y H T T O L N S J A S M I N E A O
A L A D A S M W P H Y T O N C I D E S I
```

aromatherapy

ABSOLUTE
ALMOND
ALTERNATIVE
AROMA
BASIL
BERGAMOT
BLACK PEPPER
CARRIER OILS
CITRONELLA
CLOVE

EUCALYPTUS
HEALTH
HERBAL
INFUSION
JASMINE
LAVENDER
LEMON
LEMONGRASS
MINT
MOOD

OIL
PHYTONCIDES
ROSE
SANDALWOOD
SOOTHING
SPICY
STRESS
TEA TREE OIL
THYME
YARROW
YLANG-YLANG

49

```
E Y T M Y A I L O Y A O N E B E N Y H I
R E G I S H A Y W O R T H R Y A R D N A
B I G S A R A N D O N O E H G S N H G Y
C A A H R R W O L G O K O M E R T D D U
O D U N A W A Y O K A L E F P N R H N N
S W E R D N A K U R C O B V E L R G N E
N L O E G T G P C L N Y L A T A E A E H
R N Y C K R T O Y F A W W N N W D I C O
E S T R E E P O A L E R M N C C T I G C
A I L A R N B M O S T S V N A P R W F A
G A P W G D N M C R E T S O F T H O I R
D W E F O R B A R O T R L W E T S L F O
E C T O N A M G R E B B O I A O E R D T
B R R R R G O N M C D W D L D I S A B O
W I E D C S O B D N A L R A G R B H E G
N R O N S M L N R U B P E H E W A F O O
R P I C K F O R D A V I S G E A C W I P
U E E P R O K O B L G R O S E V A A T G
K P G R W N C O L B E R T K E L L Y T D
Y L E O O N E R O L P E O S D E L S T S
```

actresses

ANDREWS	GARBO	LOREN
BACALL	GARDNER	MONROE
BANCROFT	GARLAND	PICKFORD
BERGMAN	GISH	ROGERS
COLBERT	HARLOW	SARANDON
CRAWFORD	HAYWORTH	STANWYCK
DAVIS	HEPBURN	STREEP
DIETRICH	KELLY	TAYLOR
DUNAWAY	LEIGH	TEMPLE
FOSTER	LOMBARD	WEST

```
U R O N N H E K C B B O C B E N C H A A
U S M I C L A Y O T A P I Y O E R P B C
Y S P I R O G R A P H R O K L R N E C A
N A K E O E E I B N B Y L T A N G R A M
U I Y E K N O M K C O S R C B I H U E U
I E O A Y N M E S K C O L B E A N B A G
K N Y O R C O A P P D E D L A R N B O L
H I O D O A B R P O D K C U R T R E L Y
C S T O N T A N L O A R I U I K U R D I
C F R I S B E E M I M A R B L E S D B S
T R E E A N T F A R M D E N E R E U K I
C M K N K P L B M A H T I B A T I C T P
S Y N A S C E P O C S O D I E L A K O P
F Y I L D B E C O E U L L A B J E O E L
M A T P F E H H U C L Y O U C K H G T I
N A D R T O W N C A P D S A C A I G O T
Y I F I O K N B A R B I E E L Y T T D S
C E A A P C I N U B E I K U L T E U P E
S O G H U E P K P C N H H C R E R C B T
R S A E C D O L L R R E R A F A A B I S
```

toys

AIRPLANE	FRISBEE	RUBBER DUCK
ANT FARM	HULA HOOP	SOCK MONKEY
BALL	JACKS	SOLDIER
BARBIE	KALEIDOSCOPE	SPIROGRAPH
BEANBAG	LEGOS	TANGRAM
BEAR	MARBLES	TEDDY
BLOCKS	MODEL CAR	TINKERTOY
CHECKERS	PINWHEEL	TRAIN
CLAY	PLUSH	TRUCK
DOLL	RACE CAR	YO-YO

```
N M O N M D O A L R T P B R I F U T X W
O B A M N Y E R R U S E M L O H R E E L
N K X N L M F R E S S E X T R O Y F C A
A P A O N E I T I E M T M I P Y R A R D
N E N I U Y T D E F C N R A N U U C E K
E E G D H L D T D O T G O O H H B H T O
A K E N T L P A R L I A M E N T S E S H
N T B U N I L L P A E G E E L C M L N Y
E O D O Q D W I O I F S R R L U O S I D
B W T R E A H E H N C A E E G I O E M E
G E G G L C D Y E G D F L X E I L A T P
I R H R N C D O E N N O N G I N B L S A
B B G E T I G A A R O I N N A B W R E R
E R S D A P D L I D I B T E D R E I W K
S I N N H T G D E T B N Y T Y H U O C M
G D G U I N H S A N E T O T O E L H M H
E G T A E K L R T P B U C K I N G H A M
I E C A O I C T O W E R O F L O N D O N
E G F C E C A I N W E G I L T D N L I C
Y H E R T F O R D S H I R E A W M A E R
```

london

BIG BEN
BLOOMSBURY
BUCKINGHAM
CHELSEA
DICKENS
ENGLAND
ESSEX
GREAT FIRE
GREENWICH
HEATHROW

HERTFORDSHIRE
HOLMES
HYDE PARK
KENT
LONDON EYE
MIDDLESEX
NOTTING HILL
PADDINGTON
PARLIAMENT
PICCADILLY

PORT
PUB
QUEEN
SURREY
THAMES
TOWER BRIDGE
TOWER OF
  LONDON
TRAFALGAR
UNDERGROUND
WESTMINSTER

```
K J O K L N R C T I P I H W E T G R E U
S E Y E R U O Y N I O O D O R S S S E N
I U T L W E D R A E T R N A R T M U N N
S N T Y S E O R U H O A D E R N E G N A
I D P T O B N A A T H I E W E E O T A D
N E Y S T E T E R R T N A B F M Y U X J
R R U H N S S U P I O B S D R U R E O L
C P T I T O P O O R O O M S A R I A R W
I R E L R I E N I C M W B M I T H E N S
B E D P K T A M R T S E T I N S G R I T
W S L Y I L K F Y R S R P N A N P M O N
E S R C O E O D O H O E F R I I S N R N
R U O N S U I F N D R N C S S R O P N U
M R W L L A W R E D N O W L O T A A T R
T E D H A P T G J S R E I E D S J F R T
D A N P S O N R S U C R E E P R S I I F
I O T L P R C K J R M J U E R S R S O I
E N E Y L O S E R O O P P A N T O E L N
A I U O A N O R A H S H H S R E E I I N
T B O R R E S A R C D H N O R A T H T P
```

songs

ARIA	INSTRUMENTS	ROXANNE
ART	IN YOUR EYES	SHARONA
BEAT IT	JUMP	SINGER
CHORUS	LOSER	SMOOTH
CRASH	ONE	STYLE
CREEP	POETIC	TRADITIONAL
DON'T SPEAK	PROSE	UNDER PRESSURE
FAITH	RAINBOW	WHIP IT
FOLK	REFRAIN	WONDERWALL
GENRE	RHYME	WORLD

```
G R E F R S T E T S O N C Y L R S T R I
B O O T S E W R A T R N R S S R A O R P
L L D L H I H N O C A M P F I R E A A B
S R A P U K R E R E G N I L S N U G C A
L O L Y S C E I A I S N A E B B N P D I
E H E G B O D S L G P O N R A A L R S E
T K E F E R R H C G E H O N R A O F T C
R A I E A N E E R O T G C A I O R L O F
R N H N L A H I D D A K A N S A S N C N
R S G N E H E F E N N T S P A H C N K R
W E N A O B O E S H C B E I L R K A Y K
R A I N I L R R R L H R B H H R O R A E
A T A N E T L A S E E T B W C L W B R A
N L E E T A U A S E T D N L I A W I D E
G E L A S S O A G K G C R L R A T L A N
L C C A T T L E O N A E P U I A R S R E
E O H S O N N R D O E H P B E E D P U I
R H T R S I E F R O N T I E R G S A B M
N R N I H V N N B A R B E D W I R E U B
W S T O A B A T V A Q U E R O E O A Q E
```

cowboys

BARBED WIRE
BEANS
BOOTS
BROGAN
BULLWHIP
CAMPFIRE
CATTLE
CHAPS
DOGGIE
FRONTIER

GUNSLINGER
HEIFER
HERDER
HORSE
KANSAS
LASSO
MUSTACHE
NEBRASKA
PLAINS
RANCH

RANGE
ROCKIES
RODEO
SPURS
STETSON
STOCKYARD
TEN-GALLON HAT
VAQUERO
WEST
WRANGLER

```
B H N R W R G R E O O D G A A N N C W G
L D C W D N S E R A T O E K A A V R G I
A C A A A N I H H A O D N G E A N N L B
T L P L E C H T R I F A O L I O H R E R
N O M A D M D E E R E G W L I V G L B A
L O S I F K A R A D W W E O C R N L F G
A N E N I A S R I R A S R E F R A B G I
I E L I L W H T R P S L V N G A C Y I I
S Y L L E K R T G E T T R T B L R E B B
M E E P D N A R Y C A R T G R A I N S L
W T W A E D W O L K I A R G E N I G O D
C L E H D R O F D E R W A C R C G A N C
B R R C N E D L O H E E V B H A E C P F
R E I E O D A O U D N T O O F S N G N L
R P L C I E P Y G O E S L G U T O T C E
C O O B K V C R L T A S T A O E G E N K
L O R R A M I A A S O S A R L R O L T E
N C F V N G A L S N P O I T I E R I C C
O V S N F A D N O F I N E N O S O B W T
N N N A N E B R A N D O E E A T N C E A
```

actors

ASTAIRE
BOGART
BRANDO
CAGNEY
CHAPLIN
CLOONEY
COOPER
DAMON
DEAN
DOUGLAS

FIRTH
FONDA
GABLE
GERE
GIBSON
GRANT
HOLDEN
KELLY
LANCASTER
LAW

NICHOLSON
OLIVIER
PECK
POITIER
REDFORD
RICKMAN
STEWART
TRACY
TRAVOLTA
WELLES

```
B  B  A  E  O  W  N  E  A  H  N  A  E  D  S  E  I  S  E  T
A  E  M  P  I  R  E  S  T  A  T  E  B  U  I  L  D  I  N  G
S  T  A  T  U  E  O  F  L  I  B  E  R  T  Y  C  I  T  D  R
P  Q  T  K  N  C  A  T  E  E  R  T  S  L  L  A  W  S  E  E
W  U  R  E  R  A  U  Q  S  N  O  S  I  D  A  M  A  A  U  V
N  E  L  L  I  S  I  S  L  A  N  D  O  W  N  T  O  W  N  I
R  E  P  A  R  C  S  Y  K  S  X  A  L  E  T  L  E  S  E  R
S  N  D  N  A  L  S  I  Y  E  N  O  C  E  S  O  T  U  V  T
I  S  E  A  I  S  N  K  R  A  P  L  A  R  T  N  E  C  A  S
P  N  H  U  D  S  O  N  R  I  V  E  R  A  T  B  A  N  N  A
N  N  L  I  N  C  O  L  N  C  E  N  T  E  R  R  A  E  O  E
R  W  W  U  N  I  T  E  D  N  A  T  I  O  N  S  M  N  S  L
I  T  O  O  O  A  N  S  N  P  E  N  O  E  L  K  E  E  I  O
Q  B  A  T  T  E  R  Y  P  A  R  K  G  S  P  C  L  E  D  C
R  P  R  V  D  P  L  I  D  T  L  I  O  T  E  I  R  T  A  E
E  A  N  S  R  I  U  P  S  Y  E  S  E  E  K  N  A  Y  M  D
R  S  I  O  K  S  M  A  N  H  A  T  T  A  N  K  H  A  S  T
K  T  E  T  N  R  E  D  N  A  L  S  I  N  E  T  A  T  S  R
I  E  G  N  A  H  C  X  E  K  C  O  T  S  T  L  O  I  E  A
A  M  T  A  Z  Z  I  P  A  E  R  A  U  Q  S  S  E  M  I  T
```

nyc

ART DECO
BATTERY PARK
BRONX
BROOKLYN
CARNEGIE
CENTRAL PARK
CONEY ISLAND
DOWNTOWN
EAST RIVER
ELLIS ISLAND

EMPIRE STATE
  BUILDING
HARLEM
HUDSON RIVER
KNICKS
LINCOLN CENTER
MADISON
  AVENUE
MADISON
  SQUARE
MANHATTAN
METS
MIDTOWN

PIZZA
QUEENS
SKYSCRAPER
STATEN ISLAND
STATUE OF
  LIBERTY
STOCK
  EXCHANGE
TIMES SQUARE
UNITED NATIONS
UPTOWN
WALL STREET
YANKEES

56

```
R I M T W J A S N A R F D E S L E E E I
K O T A A Y C F L A Y C J S N R Y A E I
E K E Y E E R D S S O N B I I O Y O N F
F F D O S R A A O N S T R E I S A N D R
N Y L T T A S V N S T E R D N A D L T O
A E A U E C U I O L O P E Z E N A D O A
F A R T F S C S N A Y R T Z U A E D O L
N E E A A K M H A A N K I N U I I T L I
T A G E N O D R F I T R F N D A D R T E
T D Z T N O E R T K D R F T M D O S T T
G L T D R L M R E E I N A O D L I O O E
D G I E I E A I N N O T N I V O N G A O
E T F U R M N D S J R D Y O W A O N A L
F I G A F E S Z D O E U C N S O B I N E
A A N B N G L R A A R W T F O K B K P D
R N A I I L E D J L E M E E A N C N I N
A N L N U S D M I T C H E L L A N A N W
S C M P R A H I H M A U S U R F N E J K
O E I O O F N O T T T E F F U B P R L A
U A O A S R A E P S S T O U O S R N N A
```

singers

AGUILERA	DIAMOND	MIDLER
AIKEN	ESTEFAN	MITCHELL
BENNETT	FITZGERALD	OSMOND
BISHOP	JACKSON	SIMON
BUFFETT	JEWEL	SINATRA
CAREY	KING	SPEARS
CLINE	LADD	STREISAND
CONNICK	LENNON	TIFFANY
DAVIS	LOPEZ	TURNER
DAY	MARTIN	VINTON

```
U O S A C R E C O E U R M M E I U U H C
G A U L E F F I E L L I T S A B O F A E
L R R E R P V U U M I M L M S E C T L S
E M A M B M E S O U L Y O T C T H N G F
R C A R O O P L M S E M P H C E E T B S
S O R B O N N E E E D O E N D O A E M L
U E C T T T T R P E E N R R E B E P I L
E M D O A M E P C D F A A T B I O O S E
E O E R F A T M A O R L M E S M U R B S
S U T E S R N E L R A I Y I P I E N M A
N L R E E T E I O S N S C I O E B I O L
E I I E R R D N E A C A D N M A O L C L
F N O R V E E I C Y E O S N E S O M A E
E R M A U H R S N H U I I S I R M E T S
D O P N O E H C G R U O B M E X U L A S
A U H L L P I C A S S O I S C N E E C D
L G E I E S T S E E S Y L E S P M A H C
E E U E E I M P L A C E V E N D O M E C
E T D P A O M A E A L O L O M E T R O N
I C L E A G S A I N T E C H A P E L L E
```

paris

ABBEYS
ARC DE
   TRIOMPHE
BASTILLE
BISTRO
CATACOMBS
CATHEDRAL
CHAMPS ELYSEES
EIFFEL
FRENCH

GAUL
ILE DE FRANCE
LA DEFENSE
LE SALLES
L'OPERA
LOUVRE
LUXEMBOURG
METRO
MONA LISA
MONTMARTRE
MONTPARNASSE

MOULIN ROUGE
MUSEE DORSAY
PICASSO
PLACE VENDOME
POMPIDOU
SACRE COEUR
SAINTE CHAPELLE
SEINE
SORBONNE
TUILERIES

```
A S T R M A P C P Y G I U A T A U K P D
A G C N E L C A G I N G E R B R E A D S
J R T S F L G R G R T T I D E T E G R C
R P E M R A O R C E P U T T N N U S L A
E E A C O C H O C O L A T E I I I U T T
P M E S S P G T R L R U F L L T C G C A
O N M E T L E D L T B E O R A A J A M T
O O U L I R M C A T R L S D R L K R A M
S R T D N U Y R U A E F E G P E T E R A
R S M O G E P N R K I M H M G G H I Z R
E T S O N T A F F Y T T C C A N A K I S
B I R D A E R A H E T M E B A R D O P H
O N A R P I E A A E O A L A N S A O A M
A E A E U P T A I A C E S A N I O C N A
A E D K D N L V M N S R E D R A B W C L
R F I C D L D Y M P I C R P E C I L H L
G F A I I G O O D S B E T I U R F C E O
L O C N N L F S S E S C A F A G E M E W
C T A S G A V B E O C I N N A M O N S I
C V N T W N P A N G E L F O O D G F E C
```

desserts

ANGEL FOOD	FRUIT	PIE
BISCOTTI	GELATIN	PRALINE
CAKE	GINGERBREAD	PUDDING
CARAMEL	GUMDROP	SNICKER DOODLE
CARROT	ICE CREAM	SUGAR
CHEESE	JAM	TAFFY
CHOCOLATE	MARSHMALLOW	TART
CINNAMON	MARZIPAN	TOFFEE
COOKIE	PASTRY	TRES LECHES
FROSTING	PEANUT BUTTER	VANILLA

```
N H R E I A U L L G I N M C P O A O M I
R R L R R L M S N A G A P P A O P S T A
I V I U D P Y Y D S C P H P T L S U O I
A E M T O O P R C H G T I F I I T P A T
I N S P U H L E N A A R A O Y S T E E R
C P I I Y A M I N H P N U L T N N R I A
H H O R Y A L I L I Y F H D I E M N T D
A L T C L O O O I P V A A R N D Y A I I
S H N S M X T T R I A I O A A I T T O T
R A I S D R N A I A P T D C I N H U F I
O R H A B P Y N C L S H T A T R O R H O
D M S E H E Y H N A N O H H S L L A M N
T S P E R A L S P D O C R U I A O L A A
E I S O H D B I S O H D S T R I G U H Y
H A P T S C E J E A S O A S H C Y S E M
P D D S P M U R A F C O D I C O O S S B
O U X T I C P S I C P R L L R S D B T S
R J S X H K N M E H O V E I U L C O I G
P R I E S T H N B T B U D D H I S M X O
T H Y T I E D J L T Y Y O I C P S T R N
```

religions

BAHA'I	ISLAM	PROPHET
BELIEF	JUCHE	RITUAL
BUDDHISM	JUDAISM	SACRED
CAO DAI	MYTHOLOGY	SCRIPTURE
CHRISTIANITY	ORTHODOX	SHINTOISM
CHURCH	PAGAN	SIKH
DEITY	PASTOR	SOCIAL
DIVINE	PHILOSOPHY	SUPERNATURAL
FAITH	PRAYER	TEXTS
HINDU	PRIEST	TRADITION

```
N S T P A L G A T T L G R F E E P M I N
A E P G N I N N I P S E T A L P L D T F
E A P R L R T P R C E S E O E N W A R O
R L N O O A T A N N L T N G P L A N W S
K I E M R I R S R M D P T L H B N C G A
R O E N C T T R L R A G B R A C P E Y M
G N J L R M H E L B R N I U N N N R M I
L N I N I R E G I T C I I G T O F B N I
N R C A B A B K I R T L G M R E I W A P
N N E E I I O N E T D E C I A I O L S A
T R J U G G L I N G I V C C B L G P T E
I O N M C W G F L I A A T I C N G P R R
G C G L A B G E S J R R G P G T A T O O
O P N T T A N T E U N T Z E L A G N A B
C O N L R A I H L T O D R A E I M R I A
L P N S N T L R E P A T R A P E Z E A T
C E A T N A L O E R S N A A I H O R S E
N O O U N E O W G T A N A M G N O R T S
H L T N F I R E E A T E R O E I E I E A
C G O T A B O R C A R S U N D R I R P T
```

circus

ACROBAT	FIRE-EATER	SEA LION
ACT	GYMNAST	STRONGMAN
AEROBAT	HORSE	STUNT
ANIMAL	JUGGLING	TAMER
BIG CAT	KNIFE THROWER	TENT
BIG TOP	LION	TIGER
CLOWN	MAGIC	TIGHTROPE
CRADLE	PLATE SPINNING	TRAINER
DANCER	POPCORN	TRAPEZE
ELEPHANT	ROLLING GLOBE	TRAVELING

```
I A O I N D E A A S N D N F B A O N D T
H A D E C L A R A T I O N E A T I A I R
R E L D O O D E E K N A Y B S E M A G S
C E A N S H O L I D A Y P F E F G R B R
E D O L I I S L E L W E N E B L O O A S
H A T A S M E A E D A O O C A Y A S R N
O R R N A D M K E S P A R K L E R D B D
D A D D C O N T I N E N T A L M C F E S
R P A E A I I T S C D L H H A N C O C K
S K E M P E A I A S E C L O T E T U U R
D J O S P E T E C A C S M E O H N R E O
O E C O E E I P I Y O O O S Y E A T O W
L F C P L T R A R E R N D E V E E H O E
K F Y M I P B O E D A W E I S R S E E R
K E S E R C T O M K T F E C M H C S I I
L R N O L S N F A R I T R B O K D R N F
G S C N I L A I D E O K F W T S E S E L
R O C H U R O D C O N G R E S S A L O D
U N C Y C E R V S C N F C M U O A R K R
A I N D E P E N D E N C E J C E R S B N
```

4th of july

ADAMS
AMERICA
BARBECUE
BASEBALL
BRITAIN
CONGRESS
CONTINENTAL
CUSTOMS
DECLARATION
DECORATION

FIREWORKS
FOURTH
FREEDOM
GAMES
HANCOCK
HISTORY
HOLIDAY
INDEPENDENCE
JEFFERSON
LAND

PARADE
PICNIC
SHOW
SPARKLER
VOLLEY
YANKEE DOODLE

```
T A D C Y R A A O A D S L H I S Z R A A
T A I O A D N A L S I G N O L T R M W A
A A A H O N S H U E A A D L D H A E A T
T A A A D H I I B R A M B L A H K D N S
A D A I O Y T A N O R I Y A D T S O I E
L H N A W I A T H L I L S R I L A N K A
N U B N R T O M A F I J S D N E G R O S
C U A U L E Y T E C J A M A I C A C O A
C R A T N I A T I R B T A E R G M M R E
J M A D E U I S A M A R I D T D D N O I
A L I C B A L T C A O K E D A R I S D R
I I S R S I T S A N M R O K A N I N N E
A L O I N A P S I H G T A S I I A O I L
A A R A A A G N N A B I U W A L N K M A
A A H W A I B A A T P M O W A A O E N N
K I A N R I N O D T B D A E D B N N R D
L A J A V A U N R A O H Z I M E O L I L
M A D A R A U B W N M I S O O A T D G Z
R S E N A N I A H I E A L G G A N A I N
D A B A A W I D N A I O I T D N N A T R
```

islands

BALI	JAMAICA	OKINAWA
BORNEO	JAVA	SAMAR
CUBA	LEYTE	SARDINIA
FLORES	LOMBOK	SICILY
GREAT BRITAIN	LONG ISLAND	SRI LANKA
HAINAN	MADAGASCAR	SUMBAWA
HAWAII	MANHATTAN	TAIWAN
HISPANIOLA	MAURITIUS	TIMOR
HONSHU	MINDORO	TRINIDAD
IRELAND	NEGROS	ZEALAND

```
E Y I I I N D E L A Y T D H A E L P A A
N N A F N U F N W P D H G G T T S U N E
I N S R O J E D H A V I T L L E N R O C
W O N K T W U W S U H N R U M A N D U E
A S T I E A F H R E S A R O O S D U S S
R P S N C S P W L N O T R I L M O E I U
S E I A N H N K R I E Y E V O F T K R A
T N T G I I I T L I B R E D N A V Y R N R
A N I E R N O R T H W E S T E R N I A H
N S L K P G O O Y E S H I V A O D S S D
F Y W U P T G H H A V E O I N T U F T S
O L E D S O S V I R G I N I A E O U R T
R V I E N N H E N S O C O O H E L E G N
D A G E G S P S R N N C O S N A G M L V
H N E B O S T O N O R O H L N T R T O S
J I N G N O P N E H F E L E U I Y I R R
M A R E S R T E O R O E A R S M O L I I
A E A G N A S R R E K J K O A T B C C B
T N C I R O W N W O R B R A N D E I S S
T N W O T E G R O E G I H O W Y I R A N
```

colleges & universities

BOSTON
BRANDEIS
BROWN
CARNEGIE
COLUMBIA
CORNELL
DARTMOUTH
DUKE
EMORY
FLORIDA

GEORGETOWN
HARVARD
JOHNS HOPKINS
LEHIGH
NORTHWESTERN
PENNSYLVANIA
PRINCETON
PURDUE
RICE
ROCHESTER

RUTGERS
STANFORD
TUFTS
TULANE
VANDERBILT
VIRGINIA
WAKE FOREST
WASHINGTON
YALE
YESHIVA

```
A Y A S T M I I S N N B S I K P L G N I
O Y O C R O S H H A S H A N A H R A V Z
T E I M K A T B R V M S E B K A E D H E
I A M M K E D H H R L N L A Y R V K H I
B N T S B I A H K A T I I T H L O L H D
E I N O W O P O B T N A T N Y Y S S E R
A E D A K T L P T R E H H N T H S E V A
A H L O V K G C U I V M A A Z N A W K A
E I D T N D U H S R D A N A I N P C N E
H S A C H R I S T M A S K Y U L E R V U
B A I T O I M R Z K I A S S N K M W S K
W D E K L M R U V K L D G B I N T L C L
U A S B I K R C I R R U I E A S T E R O
L K D R U W E A E H A C V L D D W S S D
W E U H A L L O W E E N I T A I H B I V
E P E N T E C O S T K A N A D A M A R M
K P P C I C Y A H N T R G N S W A E K I
U W O A L B T W A E Y L A E A T E M N A
A E K O A S A K E H A K K U N A H D A S
A O I E P I P H A N Y C A N D L E M A S
```

holidays

ADVENT
BAB
BELTANE
CANDLEMAS
CHRISTMAS
DIWALI
EASTER
EID
EKADASI
EPIPHANY

HALLOWEEN
HANUKKAH
HOLI
IMBOLC
KWANZAA
LITHA
NAVRATRI
NAW RUZ
NEW YEAR'S
PASSOVER

PENTECOST
PURIM
RAMADAN
RIDVAN
ROSH
  HASHANAH
SAMHAIN
SUKKOT
THANKSGIVING
YOM KIPPUR
YULE

65

```
D S D D E R S E D O G U I A C N A P R A
E M R O T S R E D N U H T L L A I P D A
C M A O R E M A I S L A S L I L E O R T
R E Z L L T U R R W M G O E M Y C L C O
C L Z F L L P M E E A O I R T L I L C R
A N I Z N S M R T Y M F N G O A O U H N
I W L O M A E E Z A U M O E H U M T M A
U Z D M R R T C R R R T O S T R A O L O
C H M D O R I T C A S S U E S D E N E C
W S R L N O O A P O I O E M A O N H O D
A N O S A E S T D L U L I S N I A R U R
O G T O L A C R O O S T L T C T C L O I
Y A S C S Y C I R E T N I W R O I R A Z
L E S E F O R E C A S T O R R C R U C Z
N I O N L O N D D L S R L W O L R N U L
E M E M C O U R C W I W E M E T U S O E
R A F C C Y C L O N E E S T A O H T O T
L A L U E S O I T T O I L M I G M N I T
U O R T U R A T M O S P H E R E H E S C
```

weather

AIR
ALLERGENS
ATMOSPHERE
AUTUMN
BLIZZARD
CLIMATE
CLOUDS
CORIOLIS
CYCLONE
DRIZZLE

DRY
FLOOD
FOG
FORECAST
HAIL
HURRICANE
ICE
METEOROLOGY
POLLUTION
RAIN

SEASON
SLEET
SNOW
SPRING
STORM
SUMMER
THUNDERSTORM
TORNADO
WET
WINTER

```
C N G D S A Y H P A R G O T A M E N I C
O N N I H R I E R I C N I O I P M S I I
T A I R N M N U R E D C A R P E T F M R
S I T E E L H E C O L O R R I A I O M F
S R I C C A U E M T P H F E A T U R E E
L A D T D C T E T U A P Y N N T A T R S
E T E O Y I E N E I T T D E A C T U U T
Y I A R C S T K C F Y S I A P O T P A M
I N V I S U A L C T F C O O C C P T N Y
R A L P I M M N L A S E N C I O M O E A
E M I R A C T E E L O S C P R R E C N L
T U V S F D V E N U O O E T P N E E G P
R H E M A O I T E T Y N I R S S R L I N
T E A O N S T O R Y A N I S T M E E N E
I I C L I L N I O O G R I S A C M B E E
R A T A M T C I C O H A Y I U I A R E R
E E I I A G N O S S C S S E X B E I R C
T C O C T M T N S T E E M I O E I T I S
M I N T E R R Y O I H O N O R A R Y N N
U P A H D S E R O O Y G U R X G A O G T
```

academy awards

ACTOR
ACTRESS
ANIMATED
CELEBRITY
CINEMATOGRAPHY
COLOR
COSTUME
DIRECTOR
DOCUMENTARY
EDITING

EFFECTS
ENGINEERING
FEATURE
HONORARY
HUMANITARIAN
LIVE-ACTION
MAKEUP
MIXING
MUSICAL
NOVELTY

PICTURE
RED CARPET
SCIENTIFIC
SCORE
SCREENPLAY
SHORT
SONG
STORY
SUPPORTING
VISUAL

```
Y Q S I S L I E L D B S I N N P L Y L L
I L A C E A A L A G I B R A L T A R C N
D A O A R A A A F I H U O H S K N G R C
R R B A A A A N L P T P Q R T R T P T A
E E D E K S E A A Y A D L S C A U I L L
A S I N P R R C R S E C N G C W O K O N
C U P A E C I G A L E P O S E M S N Y R
D P O I T F A L N A E C A T S U R C C E
G O Y I I C R T L H E I I F G A A I P H
I T C C C I S A Y A B T I I E R A P U T
S C A A C C R C N E S S G G S R I K C U
C O A N S I R O N P H O T I C N R C P O
E I A S G M G T N S A T P H D S L L G S
L P A N P R H A C B R N I I G U L F O U
S L L R A I I W L I K P A I E T W I N A
T S H P C D A L T E E N H M L P A N A I
T R H N O T K N A L P A T L A N T I C S
A Y G N B U A S A U I H P T H F I N P U
C A L T E I G G I S R E T A W L L C F N
C I G Y Y D O B T R P O G I C S O H I E
```

ocean

ARAL	FISH	PELAGIC
ARCHIPELAGO	GIBRALTAR	PHOTIC
ARCTIC	GULF	PLANKTON
ATLANTIC	INDIAN	SALT
BAY	KRILL	SEA
BENTHIC	MESOPELAGIC	SHARK
BODY	OCEANOGRAPHY	SOUTHERN
CANAL	OCTOPUS	SQUID
CASPIAN	PACIFIC	WATER
CRUSTACEAN	PANAMA	WHALE

```
E D N L N I Z N C G L S R N E E A T N P
T L N L L A B T E K S A B B W T T T G N
N K A T H L E T I C S H T E A G W F E W
O A O B A G R T I N B A S E B A L L T R
Y R N L N O T T C N D N K H N I A B S E
G Y C S W N S I L O E W N S A N O A D S
T T R O N A Y K E T O W O B K B I I E T
N B R E N B O X I N G T S N S A W S Z L
Y I E M H T O M D I I K E L E E A E I I
T M Y D A C D O O M D L E I F T T Q N N
R G U N G N R L D D N D V E S A E U O G
E D R S F A O A L A O O E O O K R E R N
M I E D I O O L C B L L T H M S P S H I
E H T L R R A S H L H L D W E E O T C M
H A A E G B Q A E T T A I O F R L R N M
I A W L D B L Y O R A B V E M U O I Y I
G N T N O A B S A R I T I C W G A A S W
Z S A I I A E C N B R O N N E I H N S S
W H L L L B K S M T T O G E M F S T K R
F A F L W N S H L H B F L F P T K I M A
```

olympics

ARCHERY
ATHLETICS
BADMINTON
BASEBALL
BASKETBALL
BOBSLED
BOXING
DIVING
EQUESTRIAN
FENCE

FIELD
FIGURE SKATE
FLATWATER
FOOTBALL
GYMNASTICS
HANDBALL
PENTATHLON
ROAD
ROW
SKI

SLALOM
SWIMMING
SYNCHRONIZED
TAE KWON DO
TENNIS
TRACK
TRIATHLON
VOLLEYBALL
WATER POLO
WRESTLING

```
E E A C A A N M C N U A B N I O L C A M
T C S P A L E I I A O A N M A S R C D T
T F M O O R E T A T S S G O B S R O B H
W G S S N O I S R U C X E G N U O L S C
L B N R H O C B I F B I N A I N F S N B
R S S I E O T R B R N O A S S B O F E S
E K E E C U R E H E T N E E H A O T E N
N L N A A N E E S T A D N T U T O O S T
H N C B T A A T I T I N A F F H D T H R
F S R S O R R D V R A O R C F I E S C T
S T I A N G N F E R R M R I L N S R E H
N T N E T E S C I C T A E D E G T M A V
N O T U L B T B O S K A T T B N I D O A
E O O R P O E O V T U N I U O I N H S C
N A N M R E O N C H E N D G A A A M A A
T R S E Y C A P T A I N E R R A T B L T
N N F T E E N S A R S V M E D R I N A I
O O E S O E N U R C O I V I O N O E S O
K E T O J R R O O I D O N P N R N E K N
M A S S A G E S H C L Y N O S C U H A A
```

cruise ships

ALASKA
BUFFET
CABIN
CAPTAIN
CARIBBEAN
CASINO
CRUISE DIRECTOR
DANCING
DECK
DESTINATION

EXCURSIONS
GREECE
HONEYMOON
LOUNGE
MASSAGE
MEDITERRANEAN
POOL
PORT
SHORE
SHUFFLEBOARD

SPA
STATEROOM
SUNBATHING
VACATION
VERANDAH

```
L R O T A M Y N D E B B E O N A A F O K
H I B O D O E T F F L R S T C R S O G T
A L I R T B T T K M T N O F Y H Y I O T
C L P R R M N S B N P D F T R R T D T L
H A E R O E T A W W W O M B I I F R T E
A E L B T R O D O C R R B R R T E I I I
N A I N O I T E B M T R A I N P T R R B
G L R L R A E I U C E A A Y A S C D R E
E T L E E H B L K L T O P I T A C D D I
R E I F I C A P N T E C D C N W O O N N
R D B B R G G T R N E W B O R N I I B R
L D I E R N A C L E L K P I L O E F L O
O Y W A A I L B L C E Y N R R L R I F E
H T I R C K O T T A E S R A C C E R F R
L R B G M C T B G B T P L L R D S R O T
T O I E E O I P L A Y T M Y T B W T L T
B T N R B R O T I O L E E N L L O W B C
T E E T H I N G H E C R A D L E P O O D
L T O Y S N A E C I I K I L B E E R K O
E S A I S N A A L I R A A L R E K D C S
```

babies

BIB
BIRTH
BLANKET
BLOCK
BOOKS
BOTTLE
CANOPY
CARRIER
CAR SEAT
CHANGER

CRADLE
CRIB
DIAPER
DOLL
FIRST WORD
FORMULA
LOTION
MOBILE
NEWBORN
PACIFIER

PLAY
POWDER
RATTLE
ROCKING CHAIR
STROLLER
TEDDY
TEETHING
TOTE BAG
TOYS
WOMB

```
S M Y H T H D B O N T I R A T E I A S R
W E T H O M T A E C A S K D K A I A R T
A N N F A I U A O H R E A N B H S I C L
S A S I B E B I H C I N A G R O E E I U
R A M S T S D E D N Y I I R I D V O A T
R N O H O P A F A E A O R D A E E E P O
D E O E R R R A M R M R R P Y B M C E S
T T T P R E T E E F T A B E C U I M E F
E R H H I S N P B F A H K U O F Y C I A
R O E E I S E H D E R R Y I E E A H A A
S P I R B O D Y S L U I D K H A S E L A
D I A D H G P A E T H I B A M O R A C O
I B N D E W F I N P K E G N R I T E Y O
Y A M R E O T A A T S U B O R K E C E B
M O B O T L I E C C M N R G I T B S R W
F E C A T L E D O E O Y V E H T P E D A
H K E S A E A A A I D D T E T I W I A O
Y H N T L M V E S U U N A O T B E R R N
E N I E F F A C I D A M E R I C A N O R
B A S E D A J O T A I H C C A M K A M I
```

coffee

ACID
AMERICANO
ARABICA
AROMA
BARISTA
BEAN
BODY
BREW
CAFFEINE
DARK

DECAF
DEPTH
EARTHY
ESPRESSO
ETHIOPIA
FRENCH
ITALIAN
JAVA
LATTE
MACCHIATO

MEDIUM
MELLOW
ORGANIC
ROAST
ROBUSTA
SHEPHERD
SMOOTH
TURKEY
WEAK
YEMEN

```
S N K A E E R D N A L A A S E C M R P H
N S B A Y N U O N R M N M J I D U K E A
P R I N C E E U C E E A E A E S R D M H
C N A S E E C A I R A H A H S I D A P L
L K S P E A M S Q A A G R N M K N I E O
M S T Y S E C A L A P S B A W A N E R M
A D S M D N L A S Q U E E N B I E P O E
H S E E U Y A M A O N S P A H S R R R P
A R N I C N A E E A S E C A C E M I N A
R P I S H R S N O B I L I T Y R A N M S
A N H M E Y A H I S S U L T A N A C E E
J L P R S M L N U D E U D S N E A E A A
A I U A S S N I O I B U T S B A N S N P
E H A B E A J L M A C E M P R E S S Y S
N L D A N N A R E A L K C I I B R T H P
Q P N R O W P I C N F R H N I E S N R E
A P E O R O R H E M A Y R A G A Y N K Y
N M O N A R C H E U E A W E N N R L S G
N Y S H B C R P R A J E N Y I E P C B R
D S N O H I A U A A N T D N K E B C T S
```

royalty

ARYAMEHR
BARON
BARONESS
CAESAR
CROWN
DAUPHINE
DUCHESS
DUKE
DYNASTY
EMIR

EMPEROR
EMPRESS
FAMILY
KAISER
KHAN
KING
MAHARAJA
MIR
MONARCH
NAWAB

NOBILITY
PADISHAH
PALACE
PRINCE
PRINCESS
QUEEN
RAJA
REGENT
SULTAN
TSAR

```
W R G Y O R E L H O I E R L D G L C E N
I E N R L L I H N A I S S U R W A A S O
L S O U R D O U G H M W S S T T N S T B
E L P B L M R E E I A A N R Q W T E Z H
G I E H R D O A S R N O E T O H E A F I
D T N S N B T S M T R A S T G R R S R L
S T I A L A I E A T S H A I T T H S A L
G L N T H O M E H U C N E S A A O I H I
A E S H N O R B R B I H T C I P L S W H
A I U G R A E E A H C E L R C S P I S O
R T L I Y A I Y C I K A G I O A U T N R
E A A A C S B N F R Y H A O E A S U A E
R L B H L R E I A S H T A O L S A T M R
D Y I A I G C M T L O M B A R D S A R T
N A N D S A N R A F A E L P E L R L E O
S D G I P R E W O T T I O C L I A U H P
I E S H T E L E G R A P H H I L L L S T
A T I N T C I R A C E L B A C H L C I H
G H F E R A U Q S N O I N U C G Y H F O
I R E G D I R B E T A G N E D L O G E E
```

san francisco

ALCATRAZ
ASSISI
BAY AREA
BAY BRIDGE
CABLE CAR
CASTRO
CHINATOWN
CLAY STREET
COIT TOWER

FISHERMAN'S WHARF
GOLDEN GATE BRIDGE
GOLD RUSH
HAIGHT-ASHBURY
LITTLE ITALY
LOMBARD
MARKET STREET
MISSION
NOB HILL

NORTH BEACH
PACIFIC HEIGHTS
PENINSULA
POTRERO HILL
RUSSIAN HILL
SAN RAFAEL
SOURDOUGH
TELEGRAPH HILL
TREASURE ISLAND
UNION SQUARE
WAR MEMORIAL

```
R E C N A R E L O T N I W P N S S A I G
S S C L S D A S I T S T H G I L Y T I C
G C R U C G N B P E A U O C H E H O A I
O R H S H O T M S Y L D A E U L S G S R
A E A K I D V P A U L L M E T L H I L E
A V I A N F H L U L N A I A G I A T N C
S I L A D A I L Y O T S C A S V N R S R
S R H C L T G A A A S E E O U H E E R R
O D R N E H H H N W G K S T P S T V I E
S I L A R E N E G W N O C E E A E P P M
L X T L U R O I S K O O R U U N L S E O
N A A B H A O N C E A T T D D I T Y H C
R T O A A A N N N E A I A E L S O C O K
I I S S C T I A G O D R N N R N R H O I
O N S A R V A B S C G A C A I A N O K N
K E A C B O S S F L K O W H G H B D C G
K V L L U B G N I G A R E O E O C A U B
C A T N O R F R E T A W R E C R A S C I
S L A W R E N C E T Z O L A R T S G O R
F N P E A Y S A S O R O S L A G C L R D
```

classic movies

ANNIE HALL
APOCALYPSE
CABARET
CASABLANCA
CHINATOWN
CITY LIGHTS
CUCKOO
DUCK SOUP
GENERAL
GODFATHER

GRADUATE
HIGH NOON
INTOLERANCE
KANE
LAWRENCE
MALTESE
MASH
MOCKINGBIRD
NASHVILLE
OZ

PSYCHO
RAGING BULL
SCHINDLER
SEARCHERS
SHANE
STAR WARS
SUNSET
TAXI DRIVER
VERTIGO
WATERFRONT

```
M S R N C T E I E E R L J N L H P F I Y
O A U E L I R K A A O E F T A O U Y E T
L A R P N G A R N A L R E G U T E D E L
R L E E R T L B E L M T V G O N R N R O
J I E S M I P E Y N A A N M G N G A N M
A C C G S C Y B Y N P R M F O O C C R A
Y O M I N T E O Y A T R Y E E E M K R L
C R D R I A F Y M M U G R I D L P C A P
M I I A N Y R R E B W A R T S R P O L E
E C L C L I N O N P A R E I L R T R O A
G E G L C L T C T G U M H N E N I O L N
O P F B R C I C O N F E C T I O N L L U
L A A F I M C N A C A L Z A S L N F I T
N R C H O C O L A T E E G T R I A I P B
N G C W O T N Y S V L L U R S A A R O R
T A I A E A B A U O I T F I S O M T P I
C T A F F Y A L G C U C A F Y E T E R T
G R A E L C R E A M L R M P U A R O L T
J O P R A U A R R F E E L K I R Y T E L
J G U M D R O P I P O I T A C O T Y T E
```

candy

BAR	JELLY BEAN	RAISIN
CARAMEL	LICORICE	ROCK CANDY
CHERRY	LOLLIPOP	SOUR
CHOCOLATE	MINT	STRAWBERRY
CONFECTION	NONPAREIL	SUGAR
CREAM	NUT	TAFFY
GRAPE	ORANGE	TOFFEE
GUM	PEANUT BRITTLE	TRUFFLE
GUMDROP	PRALINE	VANILLA
GUMMY	PRETZEL	WAFER

```
N R E K S O J P L G C L P K E L I R R L
L D Y A R I R E D N E S O T N R U T E R
Y L L S O Y G I L I C O E B T G I R O B
D S L L C L R E P O N M R E R H A L Y M
A R I S K T A P L T A D B A R T S L R S
A E B D A S A A O C D G C L T D R R G K
C D A N N K R K E E K E O L L I O A C P
A N K I D L I O U S L T E D D Y B E A R
R E C M R A A A H A E O O S D A R V N N
C T O S O S O A N L R A D M M N D O O I
T E R U L V K D A B O D Y N L D U L O T
O M E O L E S E L L I V H S A N V O M T
T E S I S G B U E L O H K R P R S K H D
G V V C N A E P R E T U P E L O G N V N
P O O I A S S O V A L L S H O O K U P O
P L K P S O L E O M E M P H I S D H R A
R N S S G L J A I L H O U S E R O C K O
S I S U S G R R O I P P I S S I S S I M
L Y L S D H E A R T B R E A K H O T E L
S E I G O O W E I G O O B M E B D D E E
```

elvis

ALL SHOOK UP
BEALE
BOOGIE-WOOGIE
BLUES
DANCE
GOSPEL
GRACELAND
GRAND OLE OPRY
JAILHOUSE ROCK
KING

LAS VEGAS
HEART BREAK
   HOTEL
HOUND DOG
HUNK O' LOVE
LOVE ME TENDER
MEMPHIS
MISSISSIPPI
NASHVILLE
RATTLE

RETURN TO
   SENDER
ROCKABILLY
ROCK AND ROLL
ROLL
SHAKE
SUSPICIOUS
   MINDS
TEDDY BEAR
TUPELO

```
N A F H C S O C S E N T D L P U O P S U
P E D R K C E I W O H C W O H C E D D R
N I O A B H H D D D R E H P E H S H H R
N L T I L I S I N N D A C H S H U N D E
T O U B O M T P N U U E C V A H O M R V
H O F N U A A P R O O O I Y T V H N S E
H K N L S L U T I H O H H A B A E B R I
R A P G L T L N I X P K T R O U A P U R
L F O R V E R E X O B O F E E O K I A T
I F I E R S S T T F N A S O S T I J P E
N E N A D E E S E E B A S P F S T U I R
N N T T S Y K S U H I L U E A K A O C R
T P E D V C I D N R I A C H N A R B O I
S I R A O E D Z E E K A J I B J S D R E
O N A N U A T D E H S C N A E C I A L R
I S K E H I A A K C O M A S T I F F H E
R C P I P L R R M S J W T J O E E T I L
E H O S E O H E D N U O H Y E R G A D U
R E G N I R P S L I P D T O A I K N E A
S R E G I I E R I P H E F G O D L L U B
```

dogs

AFFENPINSCHER
AIREDALE
AKITA
BASENJI
BASSET HOUND
BOXER
BULLDOG
CAIRN
CHINOOK
CHOW CHOW

DACHSHUND
DALMATION
FOXHOUND
GREAT DANE
GREYHOUND
HUSKY
JACK RUSSELL
KOOLIE
LHASA APSO
MALTESE

MASTIFF
OTTERHOUND
PINSCHER
PITBULL
POINTER
RETRIEVER
SHEPHERD
SPITZ
SPRINGER
TERRIER

```
N A U I G Y F S H D A E A G R C R U E T
A A S E U S O R E R R E U G T G U L F R
I R I A O A S O I T C C E O S A A C H I
Y O E R R C T E A S H R T E A T C O L A
O C R O Y E E E L P I L Z U R C A R E V
V O R N T T N I A A A N P C T C M T A R
S N A O I A A U P R P N A N I A P E E E
U S M S C C O L I M A N R L O O E R P S
O T A A O A S Z S T S C R A O C C R U S
A I D M C Z I P A O C O U N S A H E E P
J T R O I D L C A I G S C L A T E F B L
C U E R X A U U I N D T O S O I D O L A
P T V E E Y A H A A I O J C C T N R A N
I I O L M A A R S Y N S O T S E O M C O
O O L O S A U A D A T O H G I M T A A R
A N U S R D O L D R A C T I L C L Z X E
X C T E M C C O H I A L C C A A U V A D
R I I R D A R M O T L I O A J P D O O L
A Z O A I N R O F I L A C A J A B I R A
P G N U A H T G U A D A L A J A R A H C
```

mexico

AZTECS
BAJA CALIFORNIA
CALDERON
CAMPECHE
CHIAPAS
COLIMA
CONSTITUTION
DIAZ
DURANGO
GUADALAJARA

GUERRERO
GULF
HIDALGO
JALISCO
MEXICO CITY
MORELOS
NAYARIT
OAXACA
PUEBLA
REFORMA

REVOLUTION
SIERRA MADRE
SINALOA
SONORA
SPANISH
STATES
TOLUCA
VERACRUZ
YUCATAN
ZACATECAS

```
T L A R U E A L H L X E A A R M I B G R
S G C O O A R I O A A E E N E C I S C E
A O E T E O K S R D E A C L G E S C U A
O E O G N P S E S X L V L C O R D R L H
C L S E D A R S E A U E U K S U D V B R
D S E A A L A V S H C R G B R B O E C T
L A C X G R T O H G K T K P X I L O R B
O L R A C E T N O M E O A N O L R C O T
G T R E R H V B E T K H S E A A E H X H
M R E C A L A P T R O S R G F C P I U L
B S S V I R M A P A C T I D E X B P L T
I T T S L P R O D O A O K T D E R S I T
S U A G T A R M S R K C T E T R O I I E
S L U C C L E A T A A E G A R I M G S X
R E R C P M S E U J L C R A E R K P R A
C T A E E S E S K U K E N O D L G I E S
P B N R L T E C O N G U H U L O B I S E
A F T E E H A R R A H S L O T S L M E C
G A U G O L D E N N U G G E T R G L A E
B D B H B T A O B R E V I R H R O R C G
```

casino

BACCARAT	GOLD COAST	PALACE
BELLAGIO	GOLDEN NUGGET	PALMS
BET	HARRAH'S	POKER
BLACKJACK	HORSESHOE	RESTAURANT
CAESAR'S	KENO	RIO
CARD	LUCK	RIVERBOAT
CHIPS	LUXOR	ROULETTE
EXCALIBUR	MIRAGE	SLOTS
FARO	MONTE CARLO	TEXAS
GAMBLE	ODDS	VEGAS

```
B R H M C R T C S I T C C T S W A M A T
T T A I T O F F E E R T O B S D A E T T
Y E D P E A N U T B U T T E R S E H E E
L P P I N I B E Y F N E L T R U T T S H
U C O O H A U L E C I T E E T E E C S C
E H F L R D T A S N D A O R Y K C O R E
A O O T O N T I W P S E E F F O C T N L
C C T N I M E O L E U T N D A N B A R E
C O U M R A R L V O T M R C U S T A R D
O L N T T B P R N R P L O A A C L T C E
C A O E E U E V W I T A E N W L U O B C
E T C A S S C C O O K I E S I B M E L L
C E O E T W A R E C C A O N R N E O T U
T W C F T I N P S U N D A E L E B R N D
P O O C S R A E C T I V E L T R R T R D
T S E N A L H F C O P I S T A C H I O Y
O H A P T H C C P T M S H A K E A S C R
M U P E L C H E R R Y P I D A N P U A F
I L E M A R A C R U N I I U P A S A A K
O E E H M O O H T I L P S A N A N A B N
```

ice cream

ALMOND
BANANA SPLIT
BROWNIE
BUTTER PECAN
CARAMEL
CHERRY
CHOCOLATE
COCONUT
COFFEE
CONE

COOKIES
CUSTARD
DIP
DULCE DE LECHE
MALT
MINT
NEAPOLITAN
PEANUT BUTTER
PISTACHIO
ROCKY ROAD

SCOOP
SHAKE
SOFT SERVE
SPUMONI
STRAWBERRY
SUNDAE
SWIRL
TOFFEE
TURTLE
VANILLA

```
L O D L N S A D H O B B A S L M D N A O
C Y E N O I L H I M G A O D O M D O R T
Y L D R A W O C F O G U H I U N O Z O H
U I K B A L L O O N S M G N Y P F T S E
I O I Y R C R D M Y T I C D L A R E M E
S Y T R R O W A A R M H L D G M A R R B
D E E O K I H P G R K Y A W Z K I M M E
I L T K T I O R A I N B O W C O F E O D
R L R C E B D F N N W N A I S G I T R P
M O H I O Z R N S O N A D Z L A R N W D
N W M H D D N A B S A S N A K L E U N A
W B A I M R A M H I Y W O R C E R A C S
O R A S S O Y N H C T I W D E K C I W N
W I G A Y S B I R I D H Y L L S R U I L
D C T G I B G T A O Y U C A E A E I T Z
O K C M R T C U R L T U C A D N I L G R
I R A O T O W O L W I I L M R O M D U E
A O U H G L T S D C S G R F A R A M H N
D A A B B H U K N U H C N A R A Y N K T
E D R E Y I O U M M S L I P P E R S I Y
```

wizard of oz

AUNT EM
BALLOON
BAUM
COWARDLY
DOROTHY
EMERALD CITY
FARM
GALE
GARLAND
GLINDA

GOOD WITCH
HICKORY
HUNK
KANSAS
LION
MGM
MISS GULCH
MUNCHKIN
MUSICAL
RAINBOW

RUBY
SCARECROW
SLIPPERS
TIN MAN
TORNADO
TOTO
WICKED WITCH
WIZARD
YELLOW BRICK
  ROAD
ZEKE

```
U P K L U R E N G A P M A H C T M R M A
U M S I E R T G F R E N Z Y R E T S Y M
M E S E C R E T A G E N T A H A I R O B
N L O E S P G K L T S T F N T O R I S H
W O F A M I L Y P L O T S A R O T S D R
E R T C S M E L L C I B L A T C C D R A
T E P O N I S A E S O F A C M A N Z I T
T L P R R B I R D S R A E S O U H M B U
D H Z E E I T E A E O R S B O L O A E L
E F R B E D O O D D I S C B O V L H H R
D A L E E T R U R D U R L D I A L M T C
N O I C I P S U S A E L S E I D T L O V
O E A C O E S M M I E E S S O S L H E C
T I M A M R N P H P C T Y W O U C R N Y
U O K A E H A B S A A R N Z Y Y T O C S
Z O C A R D N D M M D H S A S I T B A M
I P A S O N R O P E I A O P G O I P M S
E I L L Y E I E N L A T S O N S E G A H
L R B U T O R E L L I R H T U G M A A E
R U E T O B A S U S P E N S E C B S E A
```

hitchcock

ALFRED	MARNIE	SABOTEUR
BIRDS	MASTER	SECRET AGENT
BLACKMAIL	MOVIES	SMITH
CHAMPAGNE	MURDER	SPELLBOUND
DIAL M	MYSTERY	SUSPENSE
DIRECTOR	NOTORIOUS	SUSPICION
DOWNHILL	PSYCHO	THE BIRDS
FAMILY PLOT	REBECCA	THRILLER
FRENZY	ROPE	TOPAZ
LIFEBOAT	SABOTAGE	VERTIGO

```
A A E M I N M L R A S N O O T M S E N A
A A N U E T A P I S T F U T I P T R E A
U T E E R S E L R A H C O M M O N L D E
R E O A T O N H E S A A E T R H E C N C
R D N N R E C O P L E Y N H B M W A E T
P A T E E T R E U C T R F A E P B P H E
A N O H T M A S S A C R E R A A U I T I
U A S T O T N R S M A G S B C I R T U R
L L N A T I R U P F E O S O O X Y A O E
U P R O N A I T C E N E T R N O N L S U
E S E E H D R P N N L S O G E S E F H V
N E P O T T O R T W A P I L T D Y E A E
S Y T R A P A E T A O D R O T E R T N L
E T A N A C S R H Y L T T B L R W S C L
R N T N O N O N A A A I A E T E T U O E
L D D A O O E N R M B H P N T E T E C B
R U T P A S A E V N C T Y L I L H R K Y
T N E U A A H T A K S T A T E H O U S E
N N L L F S E S R Y U N E R A T C R E A
L T P O F R E E D O M T R A I L A A W V
```

boston

ATHENAEUM
BEACON
BELLEVUE
CAPITAL
CHARLES
CHINATOWN
COMMON
COPLEY
CUTLER
EMERSON

ESPLANADE
FENWAY
FREEDOM TRAIL
GLOBE
HANCOCK
HARBOR
HARVARD
HERALD
MARATHON
MASSACRE

NEPONSET
NEWBURY
PATRIOTS
PENINSULA
PURITAN
RED SOX
SOUTH END
STATE HOUSE
TEA PARTY
TUFTS

```
W U A I S S I N V N I A N N T I N A O S
R E B A S E I S T V C O Q R I L L I E O
O T N I E N O S U N R O C I R P A C E V
L V M O Q I S E M I O V E N T N S I E I
N R A U R C T U A E R O O G R I V H I D
X D A E R U T C N S T A M I P N T E C L
M I R O T A H I A T E I U S U A A A O M
E V R T B T C S S C I S R Q S O U V I C
I I B L I N A S F A I U S A A C R E O T
T N E O A S E F I R E A C R W S U N E A
O A E B O S S R X N S E I R A A S S E S
O T O U A N U G E M I N I G F T T T C T
C I T A T N O A D O H G I S E I S E A M
G O E A R T H R N I S T U L C T A N R I
E N P C R T I N O T T R L E A O E A B A
S E E L A N I D R A C A I O N I R L I R
T U N P O H R R R I T O V U C A E P L S
I R L T R A D I T I O N P P E S N P I V
N O U S E N U G O H N I P M R I L A T O
M E T S Y S T N U L L I A L E I R T R O
```

astrology

AIR	FIXED	SAGITTARIUS
AQUARIUS	GEMINI	SCORPIO
ARIES	HEAVENS	SIGN
CANCER	HOUSE	STARS
CAPRICORN	LEO	SUN
CARDINAL	LIBRA	SYSTEM
CONSTELLATION	MOON	TAURUS
DIVINATION	MUTABLE	TRADITION
EARTH	PISCES	VIRGO
FIRE	PLANETS	WATER

```
V Y A D D F R T S T S O E P Y R M E N O
R T E G N I D A E R U R Y O T V J C M U
C E D R M H E S G B E A R O I N D S T U
A B O A U L F P E E U M A P R C R R C U
R E C D Y T I N R E T A R F O I T H S C
R T T U R T C A C O P C B R R O I N E S
O A O A E S C E I I F R I A O R S M S U
S L R T V L C I L R E E L T S G B R S P
D I C E N I A H O A E D S N E A M R A M
A R R H O U R S E D B I N S C R A E L A
U S E P V O O P F D J T H R O J A M C C
R O H O L H S R S Y U S U D D R R L I R
O P G C Q I C J R I A L C R C R F B B H
O H T F A U A N A M H S E R F R P U M T
F O E M P O A S N O S R A J G C L L O L
O M O E S R T D L C I L B U P C R O D R
E O P I A O S R U T T H C N V R D C A U
O R E T U I T O A B R P R I R D N S O R
U E A S R L A N O I T A C O V B D F O M
I I S A B E T A U D A R G R E D N U A U
```

college

CAMPUS
CAREER
CLASSES
CLUB
CREDITS
DOCTOR
DORM
FRATERNITY
FRESHMAN
GRADUATE

HOURS
JUNIOR
LAB
LECTURE
LIBRARY
MAJOR
MBA
PRIVATE
PROFESSOR
PUBLIC

QUAD
READING
SCHEDULE
SENIOR
SOPHOMORE
SORORITY
UNDERGRADUATE
VOCATIONAL

```
A B O D A L I P D N D A N R C C I R E A
G A M B I C L U G W C D D C E O R C R A
A V O C A E M R E O O R L G S B R C E G
C P A E Y N E P R R L C A N M K L G D O
U F M L O E N L N B I G R E Y C R U N I
A U C U N O L E I O V O E G N A R O E G
L S A N R U D E I R E B M A F L A X V M
L C B C R L O S E S N A E M Y B G R A O
L H H U O N A V Y A T R T M I A M G L A
N I U G G C D E E L U N U N B Y E R O E
D A R R I E U L A Z U R R L B N A I O O
B E U O D U C U A P A O Q U T B E C B T
I U L A N U C I O D N L U A B O M E K E
H O I T I N P R I H N A O E D A J B D N
B C V X A I A U I O O R I G U N O W O T
N O O R A M F U C M A A S V E C T E S U
E T R M R G N E S E S U E R T R A H C Y
L E Y D N U G R U B L O Q G H D U R R O
L R G I C O W B V R M G N A A U U Q E R
E R E I U R N A N J A N D E E N P E R U
```

colors

AMBER	EMERALD	MAGENTA
AQUA	FLAX	MAROON
AZURE	FUSCHIA	MAUVE
BLACK	GOLDENROD	NAVY
BLUE	GREEN	OLIVE
BROWN	GRAY	ORANGE
BURGUNDY	INDIGO	ORCHID
BURNT SIENNA	IVORY	PUCE
CHARTREUSE	JADE	PURPLE
CRIMSON	LAVENDER	TURQUOISE

```
O T H P I B M A P I T R E R C M T I E C
H A S C I G G A R I P N M A O A C E K N
T N T S E A A N S L C M A R R E R E Y I
U I M I R L C I I S R E R E N S H O V F
O C I C F M E I O F A E V S U B G K A C
M S T E M O P B R G F S T A C E N N R Y
Y P V N G W N E R E A U S M O M I N G E
L R G E T A R S N A M T T O P O A I A K
P L R I A M O F T O T A H S I T L K R R
S I G E T P C S N A I I B E A T L P P U
I S A A B A I A N N N E O T R I O M N T
Y Y M A T N C C N A B R A N K I T U E S
L R E I O O A N O T E E I V E M N P I E
I S O L R A U R N I R B R F Y T A G T V
M I O T D G E P C V M M N K E F U Y O R
A C I E S I L E P E C E A E E A Q O P A
F I T N A I N I G R I V F E E L S L A H
A O I E C I H N P R P O S E O R E T E Y
C A R S P I T C E C N N M N A I G Y A I
L S E O T A T O P R A L N S A O O P V O
```

thanksgiving

AMERICA
BERKELEY
CELEBRATION
COLONIST
CORN
CORNUCOPIA
CRANBERRY
DINNER
FAMILY
FEAST

GATHERING
GRAVY
GREEN BEANS
HARVEST
HISTORY
MASSASSOIT
NATIVE
NOVEMBER
PIE
PILGRIMS

PLYMOUTH
POTATOES
PUMPKIN
SAMOSET
SQUANTO
STUFFING
TURKEY
VIRGINIA
WAMPANOAG
YAM

```
C G U L R A P F L E A N A R I H L T O P
R C V R U I A O E P M S E R R E A M N Y
H R K R A L B A T C O S N V S D U S T K
L D E N W G S U A S N A O L F U N E I R
G S I B A C E A T A H A W E C I D D U R
L A O N S A A W K I R O N A N B R A D T
I I S L N E D R A G H N V E I C Y T O U
P B I L L S R E R S S R R E T A L N L U
V A E T D O I E A Y H D N U L N H E T I
I B L S O O D R A Y L S T B T S I R A T
R Y A D O E T M H I L D A S P U A A A N
L S N N Y D C B H P O N W S L R P P M K
U I L M H A C C N W R D T O T A E L L A
L T I B A E R E R C N E N K V K E A K U
S R F L R K S M S R P L R E R E W W O M
T L T N N I I N R N E I M A N A S N O W
Y S O A M R E R A F H P R O O D T U O R
I T I S K O P C R S S C R D R C R L O E
A P U K C I P L T G U D S S E W R T R H
I A T N W O T A H I V I I A L S H I L A
```

chores

BABYSIT	LAUNDRY	RAKE
BILLS	LAWN	SHOVEL
CARRY	LIFT	SNOW
CHILDREN	MAINTENANCE	SWEEP
CLEAN	MOP	TRASH
DUST	MOW	TRIM
GARDEN	OUTDOOR	VACUUM
HOUSE	PARENT	WALK
INDOOR	PETS	WASH
IRON	PICK UP	YARD

```
P H G O N M O D U I A C T L R W I N N S
V H M A N T E I V E O K N D N R A O P I
L O W H I T E H O U S E S L N R N K A S
I I G U I A T T S A S N E M A A A C A I
E R N N V G S L T S L N V R I E C A T N
R S U T I C R E E E C E I J A N O M W C
L C D A E K E R N N T D H E A E S O E O
D M R O N L G F N N K Y C F C O T T G E
P B R O N N A L O A I C R F K E I O K E
E D U P O N T N A O T E A E G N A P T W
N R C C T S T O D T K N J R O R T T O N
A O H O R T E M T M A T O S B E O R E O
M C I G Y T A V R D A E R O E C L A S T
N K N R E S E O E V G R R N I D S K E G
K C A N O O S E L L U E K L B S R M A N
H R T L E P C A P I T A L A T N T A T I
J E O N C N L T B U T E N O N D T L C H
E E W T O N L G M M T K L I N C O L N S
N K N A A E I N F R E G A T S A N E R A
S A G M N R S M I T H S O N I A N I C W
```

washington d.c.

ANACOSTIA
ARBORETUM
ARCHIVES
ARENA STAGE
CAPITAL
CHINATOWN
CONGRESS
D.C. UNITED
DU PONT
ELLICOTT

EMBASSY
GEORGETOWN
JEFFERSON
KENNEDY
  CENTER
KING
LANDMARK
L'ENFANT
LINCOLN
MALL

METRO
POST
POTOMAC
ROCK CREEK
ROOSEVELT
SMITHSONIAN
VIETNAM
WASHINGTON
WHITE HOUSE
WORLD BANK

```
A Y E S T A R L I N G I O T T E A T C O
A S D I U E L E D S E S O M R B I L E L
Y W R N W C M A O B K O E L E O E A R S
W N I L R I I A R Y L E N R L D E A I E
O M E C E O R T W N N V K A E I I T E N
I B D A K S I A T H W W Y I K B O N D H
C S I O J E L E L A I R L A A E Y I I S
M I M T O K D U I L A N K T O A A R A L
N R K I E H I W A T A Y E L P I R N B M
H R J R T E N N I N L S O L O S N A H G
O A O O U H A I E T U L S R N R Y B D L
E I N C I E I A B K C N L I R L K A N E
E D E N K E G D N O A H O L E L O I A L
O L S K I Y B E L N R B U N A B E L L G
S O S N E B L V R E D A V B L U I E S E
E T N S E A A I T I E I I A A E R Y O Y
Z O R R O C I L R K R D B I N I N E S I
B T R O T A N I M R E T Y R I L R R T Z
T R Y O T E E C N E R W A L C L R R H E
R N A I T S T E H E A A E C C B L T W K
```

movie characters

ALIEN	DRACULA	RIPLEY
ATTICUS	HAL	ROBIN HOOD
BAILEY	HANNIBAL	ROCKY
BALBOA	HAN SOLO	SKYWALKER
BATES	JONES	SMITH
BLAINE	KANE	STARLING
BOND	KRUEGER	TERMINATOR
BONNIE	LASSIE	VADER
CLYDE	LAWRENCE	WICKED WITCH
DEVIL	MOSES	ZORRO

```
K R I R D E A T E A A A F U N E R W O C
R S A A C I Y O A A K T R K Y O A O R E
K D T T O C E T S I Y P A R L E Y O E I
I G C B T O A R O T T S E R N E W C O E
B D O U S A I L A O C B G D R S R C S P
A J D D C D C S O E B I B P N C E I S L
R G D L R N L K S O G E T E E A R N A N
O D I A G S I O R B O F S A N G R R A Y
E A K N R C K A G A I T E R N P L G P R
I S A D R A D U T R P S H I U O R E A E
R W A H K T E S D P O M C A K O O A G S
T O Y O P M A A P I A B U S M N C D I R
I R A P E M O T A R M C R R R E I B K D
N D E A A Y R O M A G H A O A O C F O S
O L P A C T M R E E L R M C E B E N E E
L O S T S R R R E E T A V I R P R T S I
P G H P H U D O T O N I E C T D R A K E
T S E O O U R C E R E L E K M I L R T S
A D O D M N R E I R E G O R Y L L O J O
A K I F B R N E W V A S E F I O A W K O
```

pirates

ADRIFT
ATTACK
BOOTY
CAPTAIN
CHEST
CORSAIR
COURSE
CROW'S NEST
DRAKE
GOLD

HOOK
JOLLY ROGER
KIDD
KNIFE
LAND HO
MAP
MAST
MORGAN
OCEAN
PARLEY

PEG LEG
PRIVATEER
RAID
ROBBERY
RUM
SAIL
SEA
SWORD
TREASURE

```
B S O H N H S R A S S I C T N S N E K R
S S N C N A R W B E A L D A N I A C O R
H N E O O E I H M B R L L N M M O E M A
X C C A R N K O S Y E E U N I P M A B O
A T R O C M R O N F S R S E N S L N B E
B L E A N R E S N D C I M R M O S R G R
Y B S M I N K I N G O P N S N N E B A O
E P W S C R E E C H L S C E R N G S R S
E I O A Y S U R K E L U G N E N R N A E
H L H A S B M U I I L I S E I H N H U A
S T N W H N D W G L N N N B D C Y N R N
L L I T M V L S Y E S H O A O E D R N N
I F C M A C G Y V E R B T N I O N I O E
I W A H S D A R B U E A A U C B U I N A
N E I S H N B A A C M V E U E R B E S N
L U A O L M R W K C E R K D A L A I E F
H H I N T S O O N T O O G B I G B I R D
B H Y N S N W N E M E R E D L U M G M T
C A R T M A N K K M E L B A T X U H I R
O S X R O E N E O N R E N R Y E R T N B
```

tv characters

BENES
BIG BIRD
BING
BLEUTH
BOBECK
BRADSHAW
BROWN
BUNDY
CARTMAN
CONNER

DATA
HOWSER
HUXTABLE
KEATON
MACGYVER
MALONE
MONK
MORRIS
MULDER
NORM

ROSEANNE
SCREECH
SCULLY
SEINFELD
SIMPSON
SMITH
SPIRELLI
TANNERS
TRIBBIANI
URKEL

```
A K Y E D U C M R A G A E E T K C V D R
B N N G J O A E G G C O F F E E R L N P
S B T E E K O N Y C S P I H C R B O C L
G D S I Y O L H E R E N L T C Y O L I R
R C T R U R C N E K C I H C R T O E E A
M S G F C R L A A A A A S I O K L I M C
N O A P M N F C D C L E A N I N G E P O
I H P C D N K O F O E D T F I S H A L S
D T T Z L N O O P F T B L S E M A S A O
A V O K P F L C E R E A L E F I F P H D
I M S L T I L B E O E L M A E Y A F E A
N N K E D E P L D Z D N P O E S L V Y L
R P P T Y A O O S E A O A P T A O E T C
F P K L D E E B N N A R E R A F N G S O
C O L O A N A N A B A L N E L T A E E H
E E S C M E A T G K T C Y O G U R T I O
J I K R O C D E K C E O K V Y D G A R L
A S Y A E O Y D N A C R I S C M E B T O
C M A C N E S M E L O N Y N E R E L D D
O C N B F A T I O M D T H L O B R E A D
```

grocery store

ALCOHOL
APPLE
BAKERY
BANANA
BREAD
CAKE
CANDY
CANNED
CEREAL
CHICKEN

CHIPS
CLEANING
COFFEE
CORN
DAIRY
FISH
FROZEN
FRUIT
GRANOLA
JELLY

MEAT
MELON
MILK
PET FOOD
SNACKS
SODA
STEAK
TOMATO
VEGETABLE
YOGURT

```
A R L R L G I T C R B E X T R B R G A N
C A M P A I G N O I T C E L E E B M I T
C R E P R E S E N T A T I V E U T E R G
R I I S T Y E E S N A I R A T R E B I L
E A H O O J T N E X E C U T I V E U R R
R I R I T I L T R V T Y N O N S R R L B
E N E P L D A I V O T E B L N N R E R S
I D E O L O G Y A R S E R O Y A M A R U
T E R T N H O E T C E O I N S C R U G O
C P U R T U V E I L T T A N T I G C E O
I E T S N P E E V L A A N E I L J R S B
X N A E E A R L E L B T V E D B N A N Y
O D L O M S N A E E E A F Y C U D C A C
A E S E N E O R T E D U N E Y P E Y S A
E N I N R N R E I Y E D S R L E M C N R
M T G E E A G B I X C E T R E R O S E C
H E E R V T L I L G P R B D E E C E R O
E R L G O O A L A I C I D U J W R T I M
I M M L G R R R E E E I E Y D O A J N E
O E Y T I R O H T U A V R S E P T P G D
```

politics

AUTHORITY
BUREAUCRACY
CAMPAIGN
CENTER
CONSERVATIVE
DEBATE
DEMOCRACY
DEMOCRAT
ELECTION
EXECUTIVE

GOVERNMENT
GOVERNOR
IDEOLOGY
INDEPENDENT
JUDICIAL
LEFT
LEGISLATURE
LIBERAL
LIBERTARIAN
MAYOR

POWER
RELATIONS
REPRESENTATIVE
REPUBLICAN
RIGHTS
RING
SENATOR
VOTE

```
W N A A C E N Y A C S I B I G B E N D L
I S E R M H A I I C A N Y O N L A N D W
G C T G N T Y O S U L R E I C A L G A A
Y E B G R O N S E L I I I L A N E D K I E
O G N S H M Y B T W E A Z S A G U A R O
S R N H O M R E D A D R I D B A E O T S
E A O A L A E R L S B L O A R A A N N D
M N C H L M D O S L M Y N Y A T D B S N
I D A Y O E I A M J O S H U A T R E E A
T T P K L T L Y A O Y W W S P L Q I P L
E E I D U S S A B I U E S L S U E E W S
J T T E Y B E P R S D N L T O I T H I I
R O O L A E O D R G C E T I O R A O N N
S N L A O N K K A I G N A R I N E R D I
T O R R A E O C P N N S W F A O E A C G
S S E H C R A M A C N G I S A I H M A R
A O E A M D Y R D S O E S O N A N D V I
L E F D I L W A Y S D N A L D A B I E V
L E N A O N L L S H E N A N D O A H E B
D G R A N D C A N Y O N I D O O W D E R
```

national parks

ACADIA	GRAND CANYON	REDWOOD
ARCHES	GRAND TETON	SAGUARO
BADLANDS	HOT SPRINGS	SEQUOIA
BIG BEND	ISLE ROYALE	SHENANDOAH
BISCAYNE	JOSHUA TREE	VIRGIN ISLANDS
CANYONLAND	KOBUK	WIND CAVE
CAPITOL REEF	MAMMOTH	WRANGELL
CARLSBAD	MOUNT RAINIER	YELLOWSTONE
DENALI	OLYMPIC	YOSEMITE
GLACIER	PETRIFIED	ZION

```
I E E C N E D T R P E D N T P G M O H A
T R M L D R R E M A E R E G R E S Y P S
H Y H B E S E M B E L L I S H A R P A I
N R I H R M P L T G O R P A S S E E N S
Q E R R I O R D A L E A E M M M N E I H
T T R T D I I N C C I A E L O D R N B O
R S P L S T K D K S C U H C C O E R B E
I L R N M M T D E M O I Q H K R N A O C
B O T N G T H R D R E Q I O I L R D B K
U H S O L S I E E U Y N B A N N E R E R
L P B S V S M S S H Y I I R G U T A A O
H U A E L S B S E R R U S H E E T P O W
T T N U C A L M R S A N C I C I A E C H
A A I Q V V E A H I I T K L G A P R E C
E E I I N N A K S A I E O G A R M E N T
A N M L D A E E T T U T S U R C E H R A
M I S P O C T R S N H N A B C H M T T P
A P H P R R U K N M L I M B P B K A M I
P L O A T C L S R C I N E W N T M E E I
M E K Y T O V E R L O C K R U Q E L T S
```

sewing

APPLIQUE
BANNER
BOBBIN
CANVAS
CLOTH
CURTAIN
DARN
DRAPER
DRESSMAKER
EMBELLISH

EMBROIDERY
GARMENT
HEM
LEATHER
MACHINE
MEND
OVERLOCK
PATCHWORK
PATTERN
PIN

QUILT
SEAM
SERGER
SHEET
SMOCKING
STITCH
TACKED
TAILOR
THIMBLE
UPHOLSTERY

```
L S U I I O L T D A G U O E R I E I O N
O N E A U T V F H S E R F E R N I N I P
N N I A R D S A O T P T L F O I T D R G
N E S C N S S O C E L O D U U B R U S H
D T I R H S A W W U B L N G S I E R T N
L E C I O S L B Y R U N P G R B P I D R
T O N E P N G R O A D M C T E T E P D C
M E T R F U D O A R T T F A S P S U N E
E R O P R N M D A E E N O O R U W O N M
E S V U U N I T N E H G E N E P E T S H
L L I A N T I S E P T I C G P P E O E E
S G L T T D D B I P O U R T R S P T S R
W I P E W E R L P D L O A R L E S E R O
T L A L E S E E C R C A I R O U T C R F
T W M I O W T A R T R S U W B U S E A A
C O R O O W S C N W O D N I W P T H D W
P E I T P L U H R A O E S W T P R I R O
W T V R T E D S P E L L A W E S C E R B
T P R I W O C R C U F E C T S E L T U T
I W F H F E T A L Y A A E E D E G F P G
```

spring cleaning

AIR OUT	FLOORCLOTH	TOWEL
ANTISEPTIC	GLASS	VACUUM
BLEACH	LAUNDRY	WALL
BROOM	MOP	WASH
BRUSH	REFRESH	WINDOW
CARPET	SHINE	WIPE
DETERGENT	SOAP	
DISINFECT	SPONGE	
DRAIN	SWEEP	
DUSTER	TOILET	

```
Y A N E N O L E Y O S A G H T A T N R D
A E M E H E L H T E B S M-A-N-G-E-R E Y
I N D T V E H S D L D S R G L A O A R E
L E B E E N E P V R T I E U L C L L M M
I N E C C E C A L U L L A A T N E V D A
H V E C T E M T G O R B S E Y S O S N S
O K S S I H M T H N D T G R L H N E E N
O N T E C T T B P C S U A L C A T N A S
E N O L A A S I E A D M R E T Y E S P D
Y M N F E C I L S R I R F R W E R U L D
L S L S H E F T O D M O E R S A R S A T
E I A N Y E L E J S N E M E S I W E O T
L E D S F T J N E R I M R D D A M J G N
S L T L X C G N J G B C R U A N E R B I
E E E O A E M D T A L I Y T I V I T A N
A T A R N R D T L H E K R I N G L E W L
E F R A N K I N C E N S E T G N A E R C
S I R C R E R R O R M Y R R H A N D M F
N G W U O D R H N W U G R C F H M L D U
X M A S T A R E L U Y N E E I R S E F O
```

christmas

ADVENT
ANGEL
BETHLEHEM
BIRTH
CARDS
CAROLS
DECEMBER
ELF
EVE
FRANKINCENSE

GIFT
GOLD
JESUS
JOSEPH
KRINGLE
MAGI
MANGER
MARY
MYRRH
NATIVITY

NOEL
REINDEER
RUDOLPH
SANTA CLAUS
SOLSTICE
STAR
TREE
WISE MEN
XMAS
YULE

```
I I A A A A A I M E P B N L L S I A R E
R K O L H T A E D R E A M E S A B E I N
O B I R S M G N N A M A U Q A T E S R I
N I A T P A C S A R A K I S I H A K R A
M R O A M M C N A M R E P U S X W B F C
A S A A T N R E W A Y I I N U N I A Y L
N M N A M H S A L F D O A W S T L C E Y
A M Q I I M R D D E A B M E E U L S W O
M R I X I L E Q R P M P E N M O A L W B
T N A M O P A M Y S R N A A P V D I O R
A N R C A K A O L C O L O S S U S G L I
B K K I I N L R R C P M R P T T I K V A
M N L M P R O F E S S O R X D S B O E H
O R T I A T E T Q U I C K S I L V E R T
A A W M R S G M Y N M B L U E D E V I L
A T E L I V A C A O A B A R C L L B N C
T N L B E Y O B E N I R A M M R M C E A
H C H M G N I W T H G I N L T A N I M A
O C D A R E D E V I L I U N G I I N S M
R A M I I Q W R O N R E D I R T S O H G
```

superheroes

AIRBOY	CYCLOPS	MIMIC
AMERICA	DAREDEVIL	NIGHTWING
AQUAMAN	DEATHLOK	PLANET
BANSHEE	ELIXIR	PROFESSOR X
BATMAN	FLASHMAN	QUICKSILVER
BEAST	GAMBIT	SPIDER-MAN
BLUE DEVIL	GHOST RIDER	SUPERMAN
CAPTAIN	IRON MAN	THOR
CLOAK	MARINE BOY	WARLOCK
COLOSSUS	MEGA MAN	WOLVERINE

SOLUTION KEY

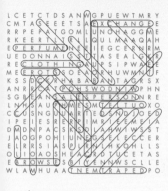

1. shopping

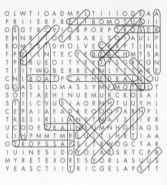

2. travel

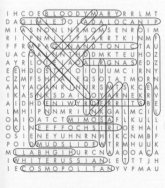

3. cocktails

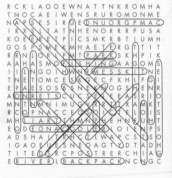

4. camping

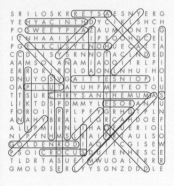

5. flowers

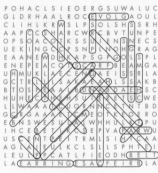

6. accessories

7. clothing

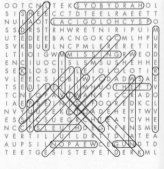

8. mystery books

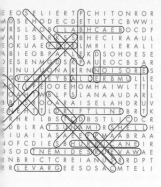

9. beach

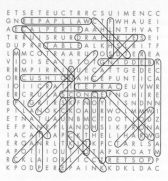

10. home décor

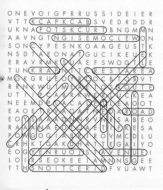

11. road trip

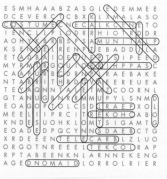

12. jewelry

SOLUTION KEY

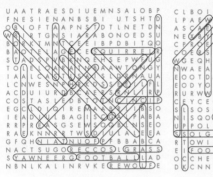

13. at the park

14. makeup

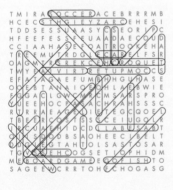

15. games

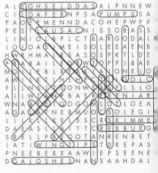

16. shoes

17. best-selling books

18. purses

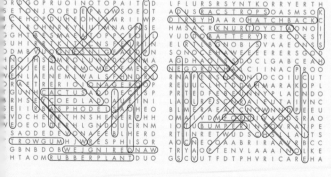

19. plants

20. cars

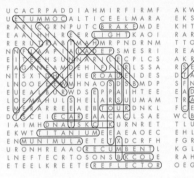

21. bicycles

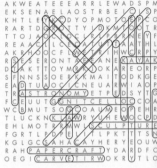

22. hobbies

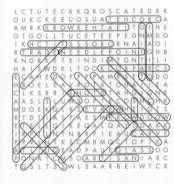

23. crafts

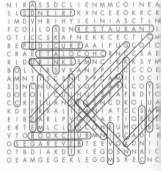

24. girls' night

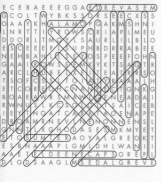

25. national landmarks

26. chick flicks

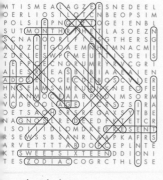

27. birthdays

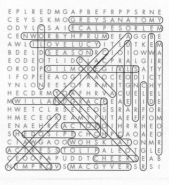

28. tv shows

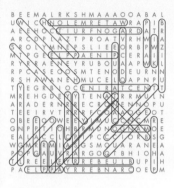

29. fruit

30. sports

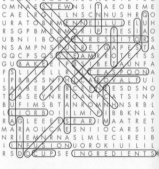

31. at the zoo

32. cooking

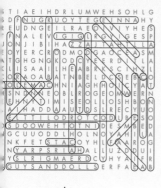

33. musicals

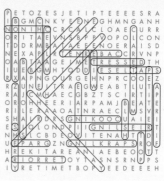

34. wine

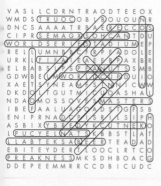

35. sporting events

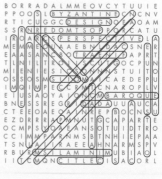

36. art

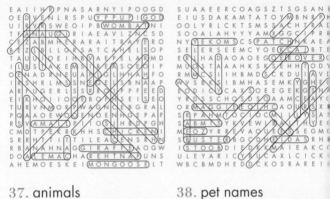

37. animals

38. pet names

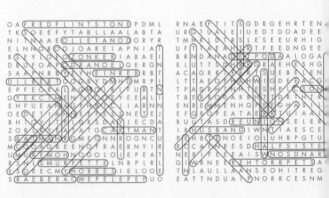

39. cartoon characters

40. relatives

SOLUTION KEY

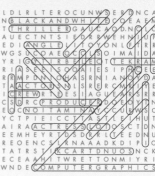

41. weddings

42. movies

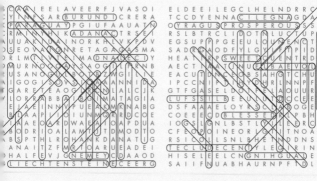

43. countries

44. happy adjectives

SOLUTION KEY

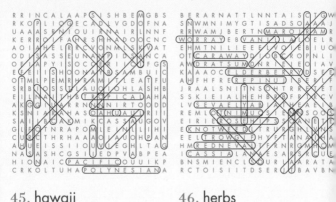

45. hawaii

46. herbs

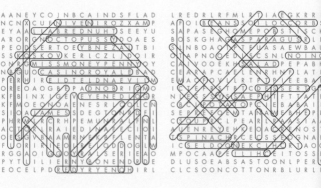

47. 007

48. dinner

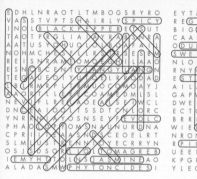

49. aromatherapy

50. actresses

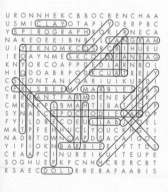

51. toys

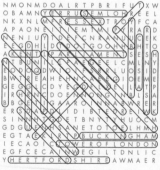

52. london

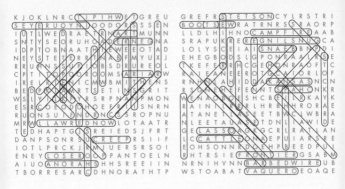

53. songs

54. cowboys

55. actors

56. nyc

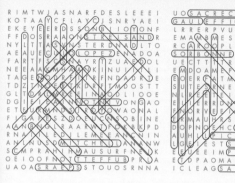

57. singers

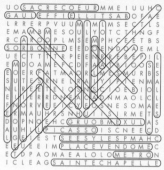

58. paris

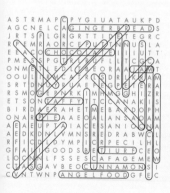

59. desserts

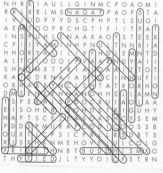

60. religions

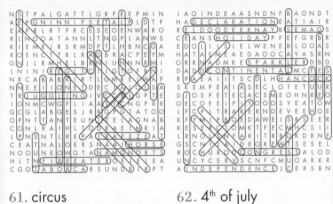

61. circus

62. 4th of july

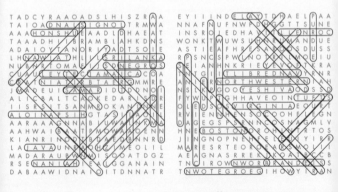

63. islands

64. colleges &
universities

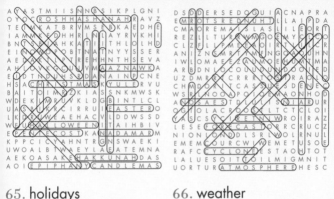

65. holidays

66. weather

67. academy awards

68. ocean

solution key

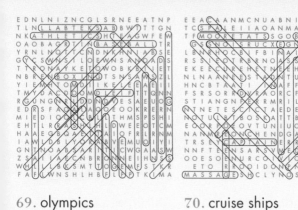

69. olympics

70. cruise ships

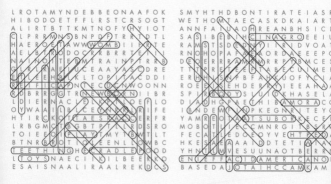

71. babies

72. coffee

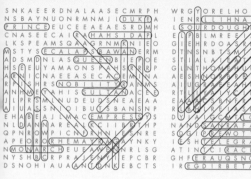

73. royalty

74. san francisco

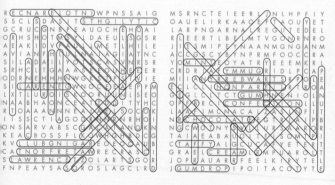

75. classic movies

76. candy

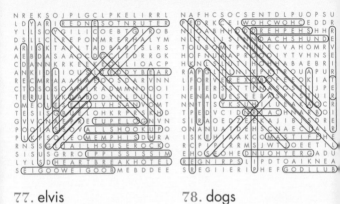

77. elvis

78. dogs

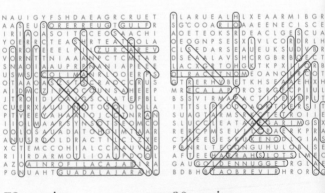

79. mexico

80. casino

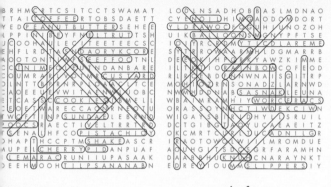

81. ice cream

82. wizard of oz

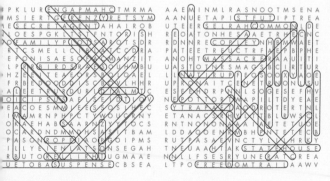

83. hitchcock

84. boston

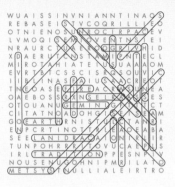

85. astrology

86. college

87. colors

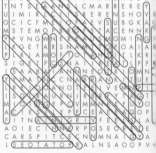

88. thanksgiving

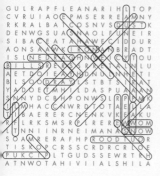

9. chores

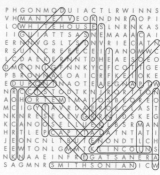

90. washington d.c.

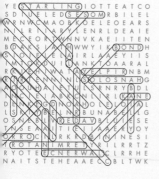

1. movie characters

92. pirates

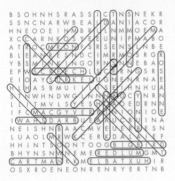

93. tv characters

94. grocery store

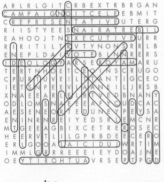

95. politics

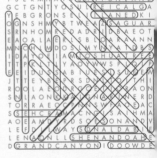

96. national parks

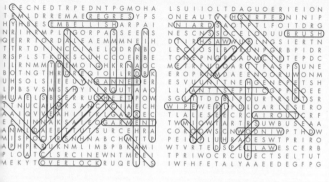

97. sewing

98. spring cleaning

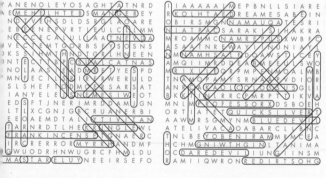

99. christmas

100. superheroes